ESTONIAN-ENGLISH
ENGLISH-ESTONIAN

Dictionary & Phrasebook

Dictionary & Phrasebooks

Albanian
Arabic (Eastern) *Romanized*
Australian
Azerbaijani
Basque
Bosnian
Breton
British
Cajun French
Chechen
Croatian
Czech
Danish
Esperanto
Estonian
Finnish
French
Georgian
German
Greek
Hebrew *Romanized & Script*
Hungarian
Igbo
Ilocano
Irish
Italian

Japanese *Romanized*
Lao *Romanized*
Lingala
Malagasy
Maltese
Mongolian
Nepali
Norwegian
Pilipino (Tagalog)
Polish
Québécois
Romanian
Romansch
Russian *Revised*
Shona
Slovak
Somali
Spanish (Latin American)
Swahili
Swedish
Tajik
Thai *Romanized*
Turkish
Ukrainian
Uzbek

ESTONIAN-ENGLISH
ENGLISH-ESTONIAN

Dictionary & Phrasebook

KSENIA BENYUKH

HIPPOCRENE BOOKS, INC.
New York

ISBN 0-7818-0931-2

For information, address:
Hippocrene Books, Inc.
171 Madison Ave.
New York, NY 10016
www.hippocrenebooks.com

Cataloging-In-Publication Data available from the Library of Congress.

Printed in the United States of America.

CONTENTS

PREFACE

This phrasebook and dictionary can be used by English speakers who travel to Estonia or who wish to make themselves understood in an Estonian community anywhere in the world. The phrasebook covers major spheres of everyday life, including leisure, sports, hobbies and entertainment.

Each of the dictionaries contains about 1,800 words that constitute the minimum vocabulary needed to express the most essential necessities of an English-speaking user traveling in Estonia or conversing elsewhere in the company of Estonians.

INTRODUCTION

Estonia is a small Baltic republic. Its territory is about 45,000 km² and the population is about 1.45 million.

The capital is Tallinn, first mentioned in written chronicles in 1154. Vanalinn (Old Town) has a castle built in the 13th century and a town hall built in the 14th century. On the top of its tower is "Old Thomas," the symbol of the city and its defender. The Kadriorg palace is a youngster, compared to the ancient towered churches. It was built in the 18th century.

The second biggest town is Tartu. It is famous for its university, which was established in the 17th century. The town is even more ancient than Tallinn. It is first mentioned in written records in 1030. One of the many beauties of Tartu is an old park of the University on Dome Hill.

One of the greatest attractions of Estonia is our song festival. It is held on the Song Festival Grounds in Tallinn. The stage holds 30,000 singers, and the grounds can hold 300,000 spectators.

Splendid lakes and rivers, luxuriant forests and sweet meadows, seaside resorts and cozy restaurants and cafés make a visit to our country not only pleasant, but also charming and unforgettable.

Welcome to hospitable Estonia!

THE ESTONIAN LANGUAGE—
A BRIEF REVIEW

Estonian is the official language of Estonia, a small Baltic republic, which regained its independence as a result of the disintegration of the Soviet Union. It belongs to the Finno-Ugric family, which includes also Finnish, Karelian, Hungarian, Mordovian and Khanti-Mansi. The language is spoken by about one million people in Estonia and also by those who constitute the Estonian diaspora in the USA, Canada, Russia, Sweden, Australia and other countries.

There are no grammatical genders or articles in the Estonian language, but it has 14 cases. Grammatical and phonemic changes of words are done through declension and conjugation and also through three different durations of vowels and consonants—not through extensive usage of prepositions as is the case in English.

To illustrate the Estonian system of declension, which covers **nouns, adjectives, pronouns and numerals**, we give below the words "son" and "table" in all the fourteen cases with translation:

Case		*poeg - son*
Nominative	**poeg**	the son
Genitive	**poja**	of the son
Partitive	**poega**	*as an object* the son
Illative	**pojasse**	into the son
Inessive	**pojas**	in the son
Elative	**pojast**	from, out of the son
Allative	**pojale**	to the son
Adessive	**pojal**	on, upon, at the son
Ablative	**pojalt**	from, off the son
Translative	**pojaks**	for, as the son
Terminative	**pojana**	as the son
Essive	**pojani**	until, up to, to the son

| Abessive | **pojata** | without the son |
| Comitative | **pojaga** | with the son |

Case		laud - table
Nominative	**laud**	the table
Genitive	**laua**	of the table
Partitive	**lauda**	*as an object* the table
Illative	**lauasse, lauda**	into the table
Inessive	**lauas**	in the table
Elative	**lauast**	from, out of the table
Allative	**lauale**	to the table
Adessive	**laual**	on, upon, at the table
Ablative	**laualt**	from, off the table
Translative	**lauaks**	for, as the table
Terminative	**lauana**	as the table
Essive	**lauani**	until, up to, to the table
Abessive	**lauata**	without the table
Comitative	**lauaga**	with the table

Adjectives in Estonian possess three degrees of comparison:

Positive	Comparative	Superlative
hea	**parem**	**kõige parem**
good	better	the best
suur	**suurem**	**kõige suurem**
big	bigger	the biggest

Often they do not have special endings and are declined as nouns.

Estonian **verbs** have no aspects and genders. They have only two grammatical tenses—past and present. Future tense is expressed through the form of present tense and is understood from the context:

I am going to school - **ma lähen kooli**
I'll go to school (tomorrow) - **ma lähen kooli (homme)**

I am writing - **ma kirjutan**
I'll write (next week) - **ma kirjutan (järgmisel nädalal)**

There are three forms of the past tense in Estonian:

Past tense	Present perfect	Past perfect
ma kirjutasin	**ma olen kirjutanud**	**ma olin kirjutanud**
I wrote	I have written	I had written

Estonian verbs have two forms of infinitive. Their usage depends on the meaning of preceding verbs:

ma hakkan laulma
I will (begin to) sing

ma armastan laulda
I like to sing

Estonian verbs may have four moods—indicative, imperative, subjunctive and indirect. They also may have two voices: definite—personal, indefinite—impersonal.

The Estonian language contains many complex words built of two, three and more components:

puusepp	**kaubamaja**	**vanaraamatukauplus**
carpenter	department store	second-hand bookshop

puu - wood	**kaup** - goods	**vana** - old
sepp - smith	**maja** - house	**raamat** - book
		kauplus - shop

Finally, it should be mentioned that the word order in sentences is free and, as a rule, attributives come in front of the word they define:

Tartu linnas - in the town of Tartu
õe raamat - sister's book

THE ESTONIAN ALPHABET

A a	aa
B b	bee
(C c	tsee)
D d	dee
E e	ee
F f	eff
G g	gee
H h	haa
I i	ii
J j	jott
K k	kaa
L l	ell
M m	emm
N n	enn
O o	oo
P p	pee
(Q q	kuu)
R r	err
S s	ess
Š š	šaa
Z z	zee
Ž ž	žee
T t	tee
U u	uu
V v	vee
(W w	kaksis-vee)
Õ õ	õõ
Ä ä	ää
Ö ö	öö
Ü ü	üü
(X x	iks)
(Y y	igrek)

Four letters: **f, š, z, ž** are used only in new loan-words: **f**akiir - fakir, **šahh** - shah, **zoopark** - zoo, **žürii** - jury.

Five letters: **c, q, w, x, y** are used only in foreign proper names: **New York, Caesar, Quebec.**

Pronunciation

The stress in Estonian words is almost always on the first syllable. Estonian letters are pronounced as they are spelled. All the vowels and consonants can be short, long and overlong. But this rule applies only to the stressed syllables.

The duration of a sound can change the meaning of the word entirely. Single letters mean short vowels and consonants; a double letter indicates a long or overlong sound.

Vowels

a	is pronounced like **a** in 'father'
e	is like **e** in 'send,' 'pen,' or 'bed'
i	is like **ee** in 'see'
o	is like **o** in 'off,' or like Spanish o in the word 'flor'
u	is like **oo** in 'moon'
õ	is a sound unique to Estonian. It sounds something like the first part of the vowel sound in words like 'no' and 'loan'
ä	is like **a** in 'cat' or 'hand'
ö	is formed with the tongue in the same position as for the **e** sound, but with the lips rounded and pulled forward. It resembles the **ö** in the German word 'Öl' or the **eu** in the French word 'deux'
ü	is formed with the tongue in the same position as for **i** sound, but with the lips rounded and pulled forward to make a small, oval opening. It resembles the **ü** in the German word 'für' or the **u** in the French word 'sur'

Consonants

b,d, g	are unvoiced and unaspirated, without the throaty sound and puff of breath added in the usual English pronunciation; almost like a short and weak **p, t, k**
j	is pronounced like **y** in 'you' or 'Maya'
l	is like the clear **l** in 'lily
p, t, k	are unvoiced and unaspirated, and softer than in English
r	is trilled like the Spanish **r**
š	is like **sh** in English
ž	is like **s** in 'treasure'

Estonian is rich in **diphthongs:**

> **ea, ia, oa, ua, õa, öa;**
> **ae, oe, õe, äe, öe;**
> **ai, ei, oi, ui, äi, õi, öi, üi;**
> **ao, eo, õo, äo;**
> **au, iu, ou, õu, äu;**
> **aia, eia, eiu, õie, aua, õue ...**

Though the Estonian language is not easy for a native English speaker to master, it is not as complicated as Chinese or Japanese. Bear in mind the proverbial "If there is a will, there is a way." Hopefully a persistent user of this phrasebook will make him (her) self understood in Estonia and his (her) visit to Estonia pleasant and informative.

LIST OF ABBREVIATIONS

adj.	adjective
adv.	adverb
conj.	conjunction
interj.	interjection
n.	noun
num.	numeral
part.	particle
pl.	plural
postp.	postposition
pred.	predicate
prep.	preposition
pron.	pronoun
v.	verb

Estonian-English Dictionary

A

aadress *n.* address
aasta *n.* year
aastapäev *n.* anniversary
abi *n.* help
abielu *n.* marriage
abistama *v.* help
administraator *n.* manager
aed *n.* garden
aeg *n.* time
aeglane *adj.* slow
aga *conj.* but, however
ahi *n.* stove
ahne *adj.* greedy
ainult *adv.* only
aitama *v.* help
aitäh! *interj.* thank you!
ajakiri *n.* magazine
ajakirjanik *n.* journalist
ajalugu *n.* history
ajaviide *n.* pastime
aju *n.* brain
ajutine *adj.* temporary
aken *n.* window
aktiivne *adj.* active
aktsent *n.* accent
akvarell *n.* watercolor
ala *n.* area
alaline *adj.* constant
alasti *adj.* naked
alati *adv.* always
algus *n.* beginning, start
alla *adv., postp.* down
allahindamine *n.* reduction
allee *n.* avenue
alles *adv.* still, only
allikas *n.* spring
allkiri *n.* signature

alt *adv., postp.* from, under
aluspesu *n.* underclothes
alustama *v.* begin, start
ameeriklane *n.* American
amet *n.* job
ametlik *adj.* official
ammu *adv.* long ago
ananass *n.* pineapple
andekas *adj.* talented
andestama *v.* forgive
apelsin *n.* orange
appi! *interj.* help!
aprikoos *n.* apricot
apteek *n.* drugstore
arbuus *n.* watermelon
arg *adj.* timid
armas *adj.* sweet, dear
armastus *n.* love
armukadedus *n.* jealousy
armuma *v.* fall in love
arst *n.* doctor
aru *n.* reason
arusaamatus *n.*
    misunderstanding
arutama *v.* discuss
arv *n.* number
arvatavasti *adv.* probably
arve *n.* bill, account
au *n.* honour
auk *n.* hole
aur *n.* steam
aus *adj.* honest
ausammas *n.* monument
auto *n.* car
autor *n.* author
avalik *adj.* public
avama *v.* open
avamäng *n.* overture

B

baar *n.* bar
balti *adj.* Baltic
banaan *n.* banana
bass *n.* bass
bassein *n.* swimming pool
beebi *n.* baby
bensiin *n.* gasoline
biskviit *n* cake, biscuit
blond *n.* fair-haired
briljant *n.* diamond
broneerima *v.* reserve,
    book
buss *n.* bus
büroo *n.* bureau, office

D

daam *n.* lady
defekt *n.* defect
delegatsioon *n.* delegation
detail *n.* detail
diagnoos *n.* diagnosis
dieet *n.* diet
diivan *n.* sofa
diktor *n.* announcer
diplom *n.* diploma
diskussioon *n.* discussion,
    debate
distants *n.* distance
doktor *n.* doctor
dollar *n.* dollar
draama *n.* drama
dress *n.* training outfit
džemm *n.* jam
džemper *n.* pullover
džäss *n.* jazz
dublikaat *n.* duplicate
dušš *n.* shower

E

ebaaus *adj.* dishonest
ebainimlik *adj.* inhuman

ebaloomulik *adj.* unnatural
ebameeldiv *adj.* unpleasant
ebamugav *adj.* uncomfortable
ebanormaalne *adj.* abnormal
ebapraktiline *adj.* unpractical
ebaseaduslik *adj.* illegal
ebasõbralik *adj.* unfriendly
ebaviisakas *adj.* impolite
edasi *adv.* forward
edaspidi *adv.* later on
edenema *v.* progress
edu *n.* success
eelarve *n.* estimate, budget
eelkõige *adv.* first of all
eemal *adv.* away
    hoia eemale! keep away!
ees *adv., postp.* in front of,
    before
eesel *n.* donkey
eeskava *n.* program
eeskiri *n.* instruction(s)
eesmärk *n.* aim, purpose
eesnimi *n.* Christian name
eesriie *n.* curtain
eest *adv., postp.* from, for
eesti *adj.* Estonian
eestlane *n.* Estonian
efektne *adj.* spectacular
eha *n.* sunset glow
ehitama *v.* build
ehitus *n.* building
ehk *conj.* or, perhaps
ehmatus *n.* scare, fright
ehtne *adj.* real
ei *part.* no, not
ei keegi *pron.* nobody
ei midagi *pron.* nothing
eile *adv.* yesterday
eine *n.* snack, meal
einelaud *n.* snack bar
eksima *v.* be mistaken
ekskursioon *n.* excursion
elama *v.* live
elamus *n.* experience

elanikkond *n.* population
elekter *n.* electricity
elevant *n.* elephant
elu *n.* life
elukardetav *adj.* perilous
elukindlustus *n.* life
    insurance
elukoht *n.* residence
elukutse *n.* profession
elulugu *n.* biography, CV
elutu *adj.* lifeless, dead
ema *n.* mother
emakeel *n.* native language
enam *adv.* more
energia *n.* energy
enesekaitse *n.* self-defense
enesekindel *adj.* self-
    confident
enesetunne *n.* feeling
enne *adv.* before
ennustama *v.* foretell
epideemia *n.* epidemic
eraldama *v.* separate
eraomand *n.* private property
erapooletu *adj.* impartial
eriala *n.* specialty
eriti *adv.* especially
erootiline *adj.* erotic
ese *n.* object, thing
esialgne *adj.* preliminary
esietendus *n.* première,
    first night
esik *n.* vestibule
esimees *n.* chairman
esimene *adj.* first
esindama *v.* represent
esinema *v.* perform
esitama *v.* present, produce
esiteks *adv.* first, first of all
esmaabi *n.* first aid
esmalt *adv.* at first
et *conj.* that, so that
ette *adv.* forward
ettekandja *n.* waiter,
    waitress; speaker

ettekujutus *n.* imagination
ettepanek *n.* proposal
ettepoole *adv.* forward
ettevaatlik *adj.* careful,
    cautious
ettevalmistus *n.* preparation
euroopa *adj.* European
euroopalik *adj.* European
evakueerima *v.* evacuate

F

fakt *n.* fact
fanaatik *n.* fanatic
fantastiline *adj.* fantastic
farm *n.* farm
fassaad *n.* facade
festival *n.* festival
filiaal *n.* branch
film *n.* film
filoloog *n.* philologist
filosoof *n.* philosopher
finantseerima *v.* finance
firma *n.* firm
floora *n.* flora
forell *n.* trout
formaalsus *n.* formality
foto *n.* photo
fotoaparaat *n.* camera
fraas *n.* phrase
fuajee *n.* foyer, lobby
füüsik *n.* physicist

G

gaas *n.* gas
galanteriikaup *n.* dry goods
galanteriikauplus *n.* notions
    store
galerii *n.* gallery
garaaž *n.* garage
garantii *n.* guarantee
garderoob *n.* cloakroom

geenius *n.* genius
giid *n.* guide
graafik *n.* graph, timetable
grammatika *n.* grammar
graveerima *v.* engrave
grimm *n.* makeup
gripp *n.* influenza
grupp *n.* group

H

haak *n.* hook
haamer *n.* hammer
haav *n.* wound
haavuma *v.* be offended
habe *n.* beard
haige *adj.* sick
haigla *n.* hospital
haigutama *v.* yawn
hais *n.* smell, stink
hajameelne *adj.* absentminded
hakkama *v.* begin, start
hakkliha *n.* minced meat
halb *adj.* bad
hale *adj.* pitiful, sad
halvasti *adv.* badly
halvatus *n.* paralysis
hambaarst *n.* dentist
hambapasta *n.* toothpaste
hammas *n.* tooth
hammustama *v.* bite
hapu *adj.* sour
hapukapsas *n.* sauerkraut
hapukurk *n.* pickled cucumber
hari *n.* brush
haridus *n.* education
harilik *adj.* usual
harjumus *n.* habit
harjutama *v.* practice, exercise
harrastus *n.* interest, hobby
haruldane *adj.* uncommon

harva *adv.* rarely, seldom
haud *n.* grave
haug *n.* pike
hea *adj.* good
    hea küll! all right!
heatahtlik *adj.* kind
heegeldama *v.* crochet
heeringas *n.* herring
hein *n.* hay
hele *adj.* bright, light
heli *n.* sound
helilint *n.* tape
heliplaat *n.* record, disk
helisalvestus *n.* recording
helistama *v.* phone
hellitama *v.* pet, caress
herilane *n.* wasp
hernes *n.* pea
hetk *n.* moment
higine *adj.* sweaty
hiiglane *n.* giant
hiir *n.* mouse
hilinema *v.* be late
hiljuti *adv.* recently
hind *n.* price
hing *n.* soul
hingama *v.* breathe
hinnaline *adj.* valuable
hirm *n.* fear, fright
hobune *n.* horse
hoiatus *n.* warning
hoidma *v.* hold
homme *adv.* tomorrow
hommik *n.* morning
hooaeg *n.* season
hoog *n.* swing
hool *n.* care
hooletu *adj.* careless
hoone *n.* building
hoov *n.* yard
hotell *n.* hotel
hulk *n.* amount
hulkur *n.* tramp
hull *adj.* mad, crazy

hunnik *n.* heap
hunt *n.* wolf
huul *n.* lip
huulepulk *n.* lipstick
huumor *n.* humor
huvi *n.* interest
huvitav *adj.* interesting
hõbe *n.* silver
hõre *adj.* thin
hõõrumine *n.* rubbing, friction
häbenema *v.* be ashamed
häbi *n.* shame
häda *n.* trouble
hädaoht *n.* danger
häirima *v.* disturb, trouble
hämarus *n.* dusk
härg *n.* ox
härra *n.* gentleman, sir, Mr.
hästi *adv.* well
hävitama *v.* destroy
hääl *n.* voice
hääldama *v.* pronounce
hümn *n.* anthem
hüppama *v.* jump
hüvasti! *interj.* farewell!
hüüdma *v.* shout, call
hüüdnimi *n.* nickname

I

ida *n.* east
ideaalne *adj.* ideal
idee *n.* idea
iga *n.* age
igatsus *n.* longing
igav *adj.* dull
igavescks *adv.* forever
igaüks *pron.* everyone, everybody
ihu *n.* body
ikka *adv.* always
ilm *n.* weather
ilma *prep.* without

ilmselt *adv.* evidently
ilmuma *v.* appear
ilukirjandus *n.* fiction
ilus *adj.* beautiful
ime *n.* miracle
imelik *adj.* strange
imestama *v.* wonder
inetu *adj.* ugly
informeerima *v.* inform (of)
inglane *n.* Englishman
inimene *n.* man, human
internaat *n.* hostel
invaliid *n.* invalid
isa *n.* father
isamaa *n.* native land
ise *pron.* self, oneself
isegi *adv.* even
iseloom *n.* character
iseseisvus *n.* independence
iseteenindamine *n.* self-service
iseäralik *adj.* peculiar
isiklik *adj.* personal
isoleerima *v.* insulate
istuma *v.* sit
istutama *v.* plant
isu *n.* appetite

J

ja *conj.* and
jaa, jah *part.* yes
jaam *n.* station
jaanipäev *n.* Midsummer Day
jaanituli *n.* bonfire on Midsummer Night
jagama *v.* divide
jahe *adj.* cool, chilly
jahimees *n.* hunter
jaht *n.* hunt; yacht
jahu *n.* flour
jakk *n.* jacket
jalg *n.* foot, leg
jalgpall *n.* football, soccer

jalgratas *n.* bicycle
jalutuskäik *n.* walk
janu *n.* thirst
jaoks *postp.* for
jonnakas *adj.* obstinate
jood *n.* iodine
joodik *n.* drunkard
jook *n.* drink
jooks *n.* run
joon *n.* line
joonistama *v.* draw
juba *adv.* already, yet
jube *adj.* terrible
juhataja *n.* boss, director
juhend *n.* instruction
juhtuma *v.* happen
juhuslik *adj.* occasional
julgus *n.* boldness
jumal *n.* god, the Lord
jurist *n.* lawyer
just *adv.* just
jutt *n.* talk, conversation
juuksed *n.* hair
juur *n.* root
juurde *adv., postp.* to, up to
juures *adv., postp.* at
juurest *adv., postp.* from
juurvili *n.* vegetable
juust *n.* cheese
juveliirtooted. *n.* jewelry
jõgi *n.* river
jõhvikas *n.* cranberry
jõud *n.* strength, force
jõulud *n.* Christmas
jõuluvana *n.* Santa Claus
jälg *n.* track
jälitama *v.* persecute
jälle *adv.* again
jäme *adj.* thick
jänes *n.* hare
järel *postp.* after, behind
järeldus *n.* conclusion
järelikult *adv.* therefore
järgmine *adj.* next

järsk *adj.* steep
järv *n.* lake
jätma *v.* leave
jää *n.* ice
jääk *n.* remainder
jäätis *n.* ice cream

K

ka *adv.* also, too, as well
kaabu *n.* hat
kaal *n.* weight
kaamera *n.* camera
kaart *n.* map, card
kaasa *postp.* with, along
kaasavara *n.* dowry
kade *adj.* envious
kaduma *v.* get lost
kaebama *v.* complain
kael *n.* neck
kaelakee *n.* necklace
kaer(ad) *n.* oats
kaev *n.* well
kaevama *v.* dig
kahekordne *adj.* double
kahetsema *v.* feel sorry
kahjuks *adv.* unfortunately
kahtlema *v.* doubt
kahtlemata *adj.* doubtless
kahtlustama *v.* suspect
kahvatu *adj.* pale
kahvel *n.* fork
kaitsma *v.* defend
kaja *n.* echo
kajakas *n.* gull
kaklema *v.* fight
kala *n.* fish
kalamari *n.* caviar
kali *n.* kvass
kalju *n.* rock
kalkun *n.* turkey
kallaletung *n.* attack,
  aggression
kallama *v.* pour

kallas *n.* (river)bank
kallis *adj.* dear; expensive
kalliskivi *n.* jewel,
   precious stone
kalmistu *n.* cemetery
kamin *n.* fireplace
kamm *n.* comb
kampsun *n.* cardigan
kana *n.* hen
kand *n.* heel
kandik *n.* tray
kandma *v.* carry
kange *adj.* stiff, strong
kangekaelne *adj.* stubborn
kangelane *n.* hero
kantselei *n.* office
kaotama *v.* lose
kapp *n.* cupboard
kapsas *n.* cabbage
kapten *n.* captain
karakter *n.* character
karbonaad *n.* chop, cutlet
kardin *n.* curtain
kari *n.* herd
karistama *v.* punish
karjamaa *n.* pasture
karjäär *n.* career
karp *n.* box
kartma *v.* be afraid (of)
kartul *n.* potato
karu *n.* bear
karusnahk *n.* fur
kask *n.* birch
kass *n.* cat
kassa *n.* box office; cash
   register
kast *n.* box, case
kaste *n.* sauce; dew
kastma *v.* water
kastrul *n.* saucepan
kasu *n.* profit
kasuema *n.* stepmother
kasuisa *n.* stepfather
kasukas *n.* fur coat

kasulaps *n.* foster child
kasulik *adj.* useful
kasutama *v.* use
kasvama *v.* grow
kasvuhoone *n.* hothouse
kataloog *n.* catalogue
katkestama *v.* interrupt
katma *v.* cover
katsuma *v.* touch
katus *n.* roof
kaua *adv.* long
kaubahall *n.* department store
kaubandus *n.* trade
kaudu *adv.* by, through
kaugekõne *n.* long
   distance call
kaugel *adj.* faraway
kaugus *n.* distance
kaup *n.* goods
kauplema *v.* trade, deal
kauss *n.* bowl, dish
kava *n.* plan
kaval *adj.* sly
kavatsema *v.* intend
keedis *n.* jam
keegi *pron.* somebody
keeks *n.* cake
keel *n.* tongue; language
keelama *v.* forbid; prohibit
keema *v.* boil, cook
keerama *v.* turn, wind
keeruline *adj.* complicated
keha *n.* body
kehakultuur *n.* physical
   culture
kelder *n.* cellar
kelk *n.* sled, sledge
kell *n.* watch; clock
kelner *n.* waiter, waitress
kena *adj.* nice
kepp *n.* stick
kerge *adj.* light
kergejõustik *n.* track and
   field, athletics

kergemeelne *adj.* thoughtless
kerjus *n.* beggar
kes *pron.* who
keskmine *adj.* middle
keskpäev *n.* midday
kesköö *n.* midnight
keskus *n.* center
kestma *v.* last
kett *n.* chain
kevad *n.* spring
kibe *adj.* bitter
kiik *n.* swing
kiilaspäine *adj.* bald
kiir *n.* ray, beam
kiirabi *n.* emergency
   medical aid
kiiresti *adv.* quickly
kiirkiri *n.* shorthand
kiitma *v.* praise
kilu *n.* sprat
kindel *adj.* firm, sure
kindlasti *adv.* certainly
king *n.* shoe
kingitus *n.* present
kinnas *n.* glove
kinnitama *v.* confirm, fix
kino *n.* cinema
kinokroonika *n.* newsreel
kirg *n.* passion
kiri *n.* letter
kirik *n.* church
kirjandus *n.* literature
kirjeldama *v.* describe
kirjutama *v.* write
kirp *n.* flea
kirss *n.* cherry
kirurg *n.* surgeon
kirves *n.* axe
kisa *n.* cry
kitsas *adj.* narrow, tight
kitsi *adj.* stingy
kivi *n.* stone
klaas *n.* glass
klaver *n.* piano

kleepima *v.* glue, stick
kleit *n.* dress
kliima *n.* climate
klooster *n.* monastery
kodakondsus *n.* citizenship
kodu *n.* home
kodumaa *n.* native land
koer *n.* dog
kogemata *adv.* accidentally
kogemus *n.* experience
kogu *adj.* all
kogunema *v.* gather
kohalik *adj.* local
kohe *adv.* at once
koht *n.* place
kohta *postp.* about
kohtama *v.* meet
kohtunik *n.* judge
kohupiim *n.* cottage cheese
kohustuslik *adj.* obligatory
kohv *n.* coffee
kohver *n.* suitcase
koit *n.* daybreak, dawn
kokk *n.* cook
kokku *adv.* together
kokkuhoid *n.* economy,
   saving
kokkulepe *n.* agreement
kokkutulek *n.* gathering
kole *adj.* awful
kolonn *n.* column
koma *n.* comma
komistama *v.* stumble
komme *n.* custom
komposteerima *v.* punch
kompvek *n.* sweet, candy
komöödia *n.* comedy
kondiitriäri *n.* confectionery,
   pastry shop
konjak *n.* brandy
konn *n.* frog
konserv *n.* canned food
kont *n.* bone
kontor *n.* office

kontroll *n.* check, control
konts *n.* heel
kontsert *n.* concert
kook *n.* cake
kool *n.* school
koopia *n.* copy
koor *n.* choir; cream;
   bark; peel
koosnema *v.* consist (of)
koostama *v.* compose
koputama *v.* knock
kord *n.* order
kordama *v.* repeat
koristama *v.* clear
korjama *v.* gather
korp *n.* cheesecake
korraga *adv.* altogether
korraldama *v.* arrange
korras *adv.* in order
korsten *n.* chimney
korter *n.* apartment
korts *n.* wrinkle
korv *n.* basket
korvpall *n.* basketball
kosk *n.* waterfall
kosmos *n.* space
kostüüm *n.* suit
kotkas *n.* eagle
kotlet *n.* hamburger
kott *n.* bag
kraad *n.* degree
kraadiklaas *n.* thermometer
kraan *n.* tap, faucet
kraav *n.* ditch
krabi *n.* crab
krae *n.* collar
kramp *n.* spasm, cramp
kreem *n.* cream
kriips *n.* line
kriit *n.* chalk
kringel *n.* pretzel
kristall *n.* crystal
kroon *n.* crown; kroon
   (Est. money)

kruubid *n. pl.* groats
kruus *n.* cup
kruvi *n.* screw
kuduma *v.* knit
kuhu *adv.* where
kui *conj.* if, than, when
kuid *conj.* but, yet
kuidagi *adv.* somehow
kuidas *adv.* how
kuiv *adj.* dry
kukk *n.* rooster
kukkuma *v.* fall
kuld *n.* gold
kuldama *v.* gild
kultuur *n.* culture
kulunud *adj.* worn
kumb *pron.* which
kumbki *adj.* either
kumm *n.* rubber
kuni *prep.* until
kunst *v.* art
kunstlik *adj.* artificial
kupee *n.* compartment
kuppel *n.* cupola
kurat *n.* devil
kurb *adj.* sad
kurg *n.* crane
kuri *adj.* angry
kurk *n.* cucumber; throat
kurt *n.* deaf person
kus *adv., conj.* where
kutse *n.* invitation
kutsuma *v.* call
kuu *n.* moon; month
kuulama *v.* listen
kuulma *v.* hear
kuuluma *v.* belong
kuulus *adj.* famous
kuum *adj.* hot
kuupäev *n.* date
kuusk *n.* fir
kõhn *adj.* thin
kõht *n.* stomach
kõik *pron.* all

kõla *n.* sound
kõndima *v.* walk
kõne *n.* speech
kõnelema *v.* speak, talk
kõrge *adj.* high
kõri *n.* throat
kõrv *n.* ear
kõrval *adv.* aside
kõrvits *n.* pumpkin
kõva *adj.* hard, strong
kõver *adj.* crooked
kägu *n.* cuckoo
käekell *n.* wristwatch
käekott *n.* handbag
käima *v.* go, walk
käituma *v.* behave
kära *n.* noise
kärbes *n.* fly
käsi *n.* hand; arm
käsitöö *n.* handicraft
käsk *n.* order
käterätik *n.* towel
kättemaks *n.* revenge
käänama *v.* turn, bend
käärid *n. pl.* scissors
köha *n.* cough
köök *n.* kitchen
kübar *n.* hat, cap
küla *n.* village
külaline *n.* guest
külastama *v.* visit
külg *n.* side
küllakutse *n.* invitation
küllalt *adv.* enough
külm *n., adj.* cold
külmkapp *n.* refrigerator
külvama *v.* sow
kündma *v.* plough
küps *adj.* ripe
küpsetama *v.* bake
küpsis *n.* biscuit, cookie
küsimus *n.* question
kütma *v.* heat
küülik *n.* rabbit

küünal *n.* candle
küünarnukk *n.* elbow
küür *n.* hump
küüs *n.* nail
küüslauk *n.* garlic

L

laat *n.* fair
labidas *n.* spade
ladu *n.* warehouse
laenama *v.* borrow
laev *n.* ship, boat
lagi *n.* ceiling
lahendus *n.* solution
lahke *adj.* kind
lahkuma *v.* leave
lahti *adv.* open
lai *adj.* wide
laine *n.* wave
laisk *adj.* lazy
lamama *v.* lie
lambaliha *n.* mutton
lame *adj.* flat
lamp *n.* lamp
langema *v.* fall, drop
lapp *n.* patch, dustcloth
laps *n.* child
latikas *n.* bream
laud *n.* table
laul *n.* song
laulma *v.* sing
lava *n.* stage
lehm *n.* cow
leht *n.* leaf
leib *n.* bread
leidma *v.* find
leibüroo *n.* lost property office
lemmik *n.* favorite
lendama *v.* fly
lennujaam *n.* airport
leping *n.* contract

leppima v. become reconciled
lesk n. widower
libe adj. slippery
liblikas n. butterfly
lift n. elevator, lift
ligidal adv. near
liha n. meat
lihas n. muscle
lihavõtted n. Easter
lihtne adj. simple
liiga adv. too
liigutama v. move
liim n. glue
liit n. union
liitma v. add, join
liiv n. sand
liköör n. liqueur
lill n. flower
lillkapsas n. cauliflower
linane adj. linen
lind n. bird
linn n. town, city
lipp n. flag
lips n. necktie
lisama v. add
lohakas adj. negligent
loll adj. stupid
lonkama v. limp
loobuma v. renounce, abandon
loodus n. nature
loojang n. sunset
loom n. animal
loomaaed n. zoo
loomaliha n. beef
loomulik adj. natural
lootma v. hope
loss n. palace
luba n. permission
luik n. swan
lukk n. lock
lumi n. snow
lusikas n. spoon
luu n. bone
lõbus adj. merry

lõbustus n. entertainment
lõhkuma v. break
lõhn n. smell, fragrance
lõke n. fire, campfire
lõng n. yarn
lõpetama v. end, finish
lõug n. chin
lõvi n. lion
läbi prep., postp. through
läbikäik n. passage
läbirääkimised n. pl.
    negotiations
lähenema v. approach
läikima v. sparkle
lärm n. noise
lööve n. rash
lühike adj. short
lükkama v. push
lülisammas n. spine
lüliti n. switch
lüürika n. poetry

M

ma pron. I
maa n. earth, soil, land
maailm n. world
maal n. painting
maanduma v. land
maantee n. road, highway
maasikas n. strawberry
maavärin n. earthquake
madal adj. low
madrus n. sailor
madu n. snake
magama v. sleep
magnetofon n. tape recorder
magu n. stomach
magus adj. sweet
mahl n. juice
mainima v. mention
maitse n. taste
maitsev adj. tasty
maja n. house

makaron *n.* macaroni
maks *n.* liver
maksma *v.* pay
male *n.* chess
manna *n.* semolina
mantel *n.* coat
mapp *n.* briefcase
marineerima *v.* pickle
mark *n.* stamp
marli *n.* gauze
marmelaad *n.* candied
   fruit jelly
marmor *n.* marble
masin *n.* machine
massaaž *n.* massage
matk *n.* trip, journey, hike
matus *n.* funeral
meditsiiniõde *n.* nurse
meeleolu *n.* mood
meenutama *v.* remind
mees *n.* man
meie, me *pron.* we
melon *n.* melon
menu *n.* success
menüü *n.* menu
merevaik *n.* amber
meri *n.* sea
mesi *n.* honey
mesilane *n.* bee
metall *n.* metal
mets *n.* woods, forest
mida *pron.* what
midagi *pron.* anything,
   something
miks *adv.* why
millal *adv.* when
milleks *pron.* what for
milline *adj.* which
mina *pron.* I
minema *v.* go
minestama *v.* faint
minevik *n.* past
mingi *pron.* some
minu *pron.* my

mis *pron., adj.* what
missugune *adj.* what, what
   kind of, which
mitte *adv.* not, no
mitu *pron.* many, several
mood *n.* fashion, style
moos *n.* jam
mootor *n.* motor, engine
muda *n.* mud
mugav *adj.* comfortable
muhk *n.* bump
muidugi *part.* of course,
   surely
muigama *v.* smile
muinasjutt *n.* fairy tale
mujal *adv.* elsewhere
muna *n.* egg
munk *n.* monk
murd *n.* fraction
mure *n.* grief; worry
must *adj.* black; dirty
muster *n.* pattern
mustikas *n.* bilberry
mustlane *n.* gypsy
muu *adj.* other, different
muuseas *conj.* however
muuseum *n.* museum
muutma *v.* change
mõis *n.* estate
mõistus *n.* reason
mõju *n.* influence
mõla *n.* oar
mõlemad *pron.* both
mõnikord *adv.* sometimes
mõnus *adj.* comfortable
mõru *adj.* bitter
mõrv *n.* murder
mõte *n.* idea
mõtlema *v.* think
mõõtma *v.* measure
mägi *n.* mountain
mäletama *v.* remember
mänd *n.* pine
mäng *n.* game

märg *adj.* wet
märk *n.* mark, sign
märkus *n.* remark
mööbel *n.* furniture
mööda *adv.* past, by; *prep.*,
  postp. by, along, past
münt *n.* coin
müra *n.* noise
mürk *n.* poison
müristama *v.* thunder
müts *n.* cap
müüma *v.* sell
müür *n.* (stone) wall

N

naaber *n.* neighbour
nael *n.* nail; pound
naerma *v.* laugh
nagu *conj.* as
nahk *n.* skin
naine *n.* woman; wife
nakkus *n.* infection
nali *n.* joke
natuke *adv.* a little
nautima *v.* enjoy
neelama *v.* swallow
neiu *n.* girl, miss
nemad *pron.* they
nii *adv.* so
niikuinii *adv.* anyhow, in
  any case
niiske *adj.* damp
nikastus *n.* sprain
nimekaart *n.* visiting card
nimi *n.* name
nina *n.* nose
ning *conj.* and
nisu *n.* wheat
nohu *n.* cold
nokk *n.* beak
noor *adj.* young
noot *n.* note
norskama *v.* snore

notar *n.* notary
nuga *n.* knife
nukk *n.* doll
nukker *adj.* sad
null *n.* zero
number *n.* number
nunn *n.* nun
nupp *n.* knob
nurk *n.* corner
nutma *v.* cry, weep
nuusutama *v.* smell, sniff
nõel *n.* needle
noges *n.* nettle
nõid *n.* witch
nõrk *adj.* weak
nõuanne *n.* advice
nõustuma *v.* agree
nädal *n.* week
nägema *v.* see
nägu *n.* face
näide *n.* example
näidend *n.* play
näitama *v.* show
näitleja *n.* actor
näitus *n.* show, exhibition
näljane *adj.* hungry
näpp *n.* finger
närimiskumm *n.* chewing gum
närv *n.* nerve
nööp *n.* button
nöör *n.* string
nüri *adj.* blunt
nüüd *adv.* now

O

objektiiv *n.* (camera) lens
odav *adj.* cheap
ohtlik *adj.* dangerous
oivaline *adj.* wonderful
oja *n.* brook
okas *n.* thorn
olema *v.* be
olenema *v.* depend

olukord *n.* situation
oma *pron.* one's, own
omanik *n.* owner
omapärane *adj.* original
onu *n.* uncle
ookean *n.* ocean
ooper *n.* opera
ootama *v.* wait
ootamatu *adj.* unexpected
orav *n.* squirrel
orel *n.* organ
orkester *n.* orchestra
osa *n.* part
osakond *n.* department
oskama *v.* know
ostma *v.* buy
ots *n.* end
otse *adv.* straight
otsima *v.* seek, look for
otsus *n.* decision

P

paar *n.* pair
paat *n.* boat
paber *n.* paper
padi *n.* pillow
pael *n.* ribbon
pagar *n.* baker
pagas *n.* luggage
painduma *v.* bend
paistetus *n.* swelling
pakkuma *v.* offer
paks *adj.* thick
palavik *n.* fever
paljas *adj.* bare
palju *adv.* much, many
paluma *v.* ask
panema *v.* put
pang *n.* bucket
pank *n.* bank
papagoi *n.* parrot
parandama *v.* mend

paras *adj.* suitable
parem *adj.* right, better
parkima *v.* park
part *n.* duck
pass *n.* passport
patsient *n.* patient
pea *n.* head
peaaegu *adv.* almost, nearly
peal *postp., adv.* on, above
pealkiri *n.* title
pealt *postp.* off, from
peamine *adj.* principal, main
peatus *n.* stop, halt
peegel *n.* mirror
peen *adj.* fine, elegant
peenike *adj.* thin
peet *n.* beet
pehme *adj.* soft
peigmees *n.* fiancé, bridegroom
peitma *v.* hide
peksma *v.* beat
perekond *n.* family
peremees *n.* master
perenaine *n.* housewife
pesa *n.* nest
pesema *v.* wash
petersell *n.* parsley
pidama *v.* hold, keep
pidevalt *adv.* continually
pidu *n.* festival
pidur *n.* brake
pidutsema *v.* celebrate
piht *n.* waist
piibel *n.* Bible
piim *n.* milk
piinlik *adj.* embarrassing
piir *n.* boundary
pikk *adj.* long
pikkamisi *adv.* slowly
pikkus *n.* length
pildistama *v.* photograph
pilet *n.* ticket
pilk *n.* glance

pillimees *n.* musician
pilt *n.* picture
pilv *n.* cloud
pilvine *adj.* cloudy
pilvitu *adj.* cloudless
pime *adj.* dark; *n.* blind
pind *n.* surface
pink *n.* bench
pintsak *n.* jacket
pipar *n.* pepper
pirn *n.* pear
pirukas *n.* pie
pisar *n.* tear
pisut *adv.* little
pits *n.* lace
pitsat *n.* seal, stamp
plaan *n.* plan
plaat *n.* record, disc
plakat *n.* poster
plats *n.* square
plekk *n.* spot
pliiats *n.* pencil
pliit *n.* stove
ploom *n.* plum
pluus *n.* blouse
poeg *n.* son
pohl *n.* red whortleberry
poiss *n.* boy
politsei *n.* police
pood *n.* shop
pool *n.* half
poole *postp., adv.* towards, to
poolt *postp., adv.* from
populaarne *adj.* popular
porgand *n.* carrot
portree *n.* portrait
portselan *n.* china
post *n.* post, mail
praad *n.* roast
praegu *adv.* now
preester *n.* priest
preili *n.* Miss, young lady
prillid *n.* glasses
pritsima *v.* splash

proovima *v.* try, test
proua *n.* Mrs., lady
pruut *n.* fiancée, bride
prügi *n.* garbage
pudel *n.* bottle
puder *n.* porridge
puhastama *v.* clean
puhkama *v.* rest
puhuma *v.* blow
puhvet *n.* bar
pulmad *n.* wedding
punkt *n.* point
purjus *adj.* drunk
purustama *v.* break
putukas *n.* insect
puu *n.* tree
puudutama *v.* touch
puus *n.* hip
puuvili *n.* fruit
puuvillane *adj.* cotton
põgenema *v.* run away
põhi *n.* bottom; north
põhjus *n.* cause, reason
põis *n.* bladder
põld *n.* field
põlema *v.* burn
põll *n.* apron
põllumees *n.* farmer
põlv *n.* knee
põrand *n.* floor
põrkama *v.* bump
põsk *n.* cheek
põõsas *n.* bush
pähkel *n.* nut
päike *n.* sun
pärast *adv.* afterwards
pärismaalane *n.* native
päästma *v.* save
pöial *n.* thumb
pöörama *v.* turn
püha *n.* holiday; *adj.* holy, sacred
pühitsema *v.* celebrate
pühkima *v.* sweep

püksid *n.* trousers
püss *n.* gun
püstol *n.* pistol
püüdma *v.* catch

R

raadio *n.* radio
raam *n.* frame
raamat *n.* book
raamatukogu *n.* library
raamatupidaja *n.* bookkeeper
rada *n.* path
raha *n.* money
rahakott *n.* purse
rahu *n.* peace
rahul olema *v.* be satisfied
rahvas *n.* people
rajoon *n.* district
rand *n.* coast
raputama *v.* shake
rasedus *n.* pregnancy
raske *adj.* difficult, hard
rasv *n.* fat
ratas *n.* wheel
raud *n.* iron
raudtee *n.* railroad
ravi *n.* cure
rebane *n.* fox
rebima *v.* tear
reegel *n.* rule
registreerima *v.* register
regulaarne *adj.* regular
reis *n.* travel, journey
reklaam *n.* advertisement
remont *n.* repairs
rentima *v.* lease
reserveerima *v.* reserve
restoran *n.* restaurant
riba *n.* strip
ribi *n.* rib
rihm *n.* strap
riie *n.* cloth, fabric
riietuma *v.* dress

riik *n.* state
riis *n.* rice
riist *n.* instrument
rikas *adj.* rich
rike *n.* defect
rind *n.* breast
ring *n.* circle
rippuma *v.* hang
risk *n.* risk
rohi *n.* grass
rong *n.* train
ronima *v.* climb
rool *n.* steering wheel
roos *n.* rose
rosin *n.* raisin
rott *n.* rat
rukis *n.* rye
rumal *adj.* stupid
ruum *n.* room
ruut *n.* square
rõdu *n.* balcony
rõngas *n.* ring
rõõm *n.* joy
rõõsk *adj.* fresh (cream, milk)
rändama *v.* travel
rätsep *n.* tailor
rääkima *v.* speak, talk
röntgen *n.* X-ray
röövel *n.* robber

S

saabas *n.* boot
saabuma *v.* arrive
saak *n.* harvest
saal *n.* hall
saama *v.* get; become; be able
saar *n.* island
saatma *v.* send
saba *n.* tail
sadam *n.* harbor
sadu *n.* rainfall; snowfall
sageli *adv.* often
sai *n.* roll

saladus *n.* secret
sale *adj.* slender
sall *n.* scarf
salv *n.* ointment
sama *adj.* the same
samm *n.* step
samuti *adv.* also, too
sarnasus *n.* resemblance
saun *n.* bathhouse, sauna
savi *n.* clay
seadus *n.* law
seal *adv.* there
sealiha *n.* pork
sealt *adv.* from there
see *pron.* this
seekord *adv.* this time
seelik *n.* skirt
seen *n.* mushroom
seep *n.* soap
sees *postp., adv.* in, inside
seest *postp.* out of, from
segama *v.* mix
seiklus *n.* adventure
sein *n.* wall
seisma *v.* stand
sekund *n.* second
seletama *v.* explain
selg *n.* back
selge *adj.* clear
selgroog *n.* spine
seljakott *n.* rucksack
seljataga *adv.* behind
sellepärast *adv.* therefore
selline *pron.* such
seltskond *n.* society, company
serv *n.* edge
sesoon *n.* season
sest *conj.* because
sibul *n.* onion
sidrun *n.* lemon
siga *n.* pig
siia *adv.* here
siid *n.* silk
siin *adv.* here

siis *adv.* then
siiski *conj.* nevertheless
siit *adv.* from here
sild *n.* bridge
silm *n.* eye
silt *n.* sign
sina *pron.* you
sinep *n.* mustard
sink *n.* ham
sinnapoole *adv.* in that direction
sinu *pron.* yours
sirel *n.* lilac
sirge *adj.* straight
sisaldama *v.* contain
sisse *adv., postp.* into
sissemaks *n.* payment
sissepääs *n.* entrance
sisu *n.* content
sits *n.* cotton
skulptuur *n.* sculpture
sobima *v.* suit, fit
soe *adj.* warm
soo *n.* swamp
sool *n.* salt
soovima *v.* wish
soovitama *v.* recommend
sort *n.* sort, kind
spetsialist *n.* expert
sport *n.* sport(s)
sugulane *n.* relative
suhkur *n.* sugar
suitsetama *v.* smoke
suitsusink *n.* smoked ham
sukk *n.* stocking
sulama *v.* melt
sularaha *n.* cash
sulepea *n.* pen
sulg *n.* feather
sulgema *v.* shut
suplema *v.* bathe
supp *n.* soup
surnuaed *n.* cemetery
suruma *v.* press

suu *n.* mouth
suudlus *n.* kiss
suuline *adj.* oral
suur *adj.* big, large
suurepärane *adj.* wonderful
suusatama *v.* ski
suutma *v.* be able
suveniir *n.* souvenir
suvi *n.* summer
sviiter *n.* sweater
sõber *n.* friend
sõda *n.* war
sõltuma *v.* depend
sõna *n.* word
sõnastik *n.* vocabulary,
    glossary
sõnavõtt *n.* speech
sõprus *n.* friendship
sõrm *n.* finger
sõrmus *n.* ring
sõstar *n.* currant
sõudma *v.* row
särama *v.* sparkle
särk *n.* shirt; undershirt
sääsk *n.* mosquito
söögiisu *n.* appetite
söök *n.* food
sööma *v.* eat
süda *n.* heart
sügav *adj.* deep
sügis *n.* autumn
sült *n.* meat jelly
sündima *v.* be born
sünnipäev *n.* birthday
süstima *v.* inject
süüdi *adj.* guilty
süütus *n.* innocence

Š

šampanja *n.* champagne
šampoon *n.* shampoo
šeff *n.* chief

šokolaad *n.* chocolate
šoti *adj.* Scottish

Z

zoopark *n.* zoo

Ž

želee *n.* jelly
žiletitera *n.* razor blade

T

taevas *n.* sky
taga *adv.* behind
tagajärg *n.* consequence
taganema *v.* retreat
tagasi *adv.* backwards
tagasihoidlik *adj.* modest
tahe *n.* will
tahtma *v.* want
taim *n.* plant
taimetoitlane *n.* vegetarian
takistus *n.* hindrance
takso *n.* taxi
tald *n.* sole
taldrik *n.* plate
talu *n.* farm
talv *n.* winter
tamm *n.* oak
tants *n.* dance
tapma *v.* kill
tarbekunst *n.* applied art
tark *adj.* clever
tarretis *n.* jelly
tarvis *adv.* necessary
tarvitama *v.* use
tasakaal *n.* balance
tase *n.* level
tasku *n.* pocket
taskurätik *n.* handkerchief
tass *n.* cup
tasu *n.* payment

tasuma v. pay
tasuta adj. free (of charge)
tavaline adj. common
tavaliselt adv. usually
teade n. news
teadma v. know
teadus n. science
teatama v. tell, report
teater n. theater
tedretäht n. freckle
tee n. tea; way; road
teema n. subject, topic
teemant n. diamond
teenistus n. service
tegema v. do, make
tegevus n. activity
tehas n. factory
teine adj. second, other
teisiti adv. differently,
    otherwise
tekk n. blanket
teksad n. jeans
telefon n. telephone
telegraaf n. telegraph
telegramm n. telegram
televisioon n. TV
tellima v. order
tema pron. he, she (his, her)
temperatuur n. temperature
teras n. steel
terav adj. sharp
tervis n. health
tervitus n. greeting
tige adj. angry
tihe adj. thick
tihti adv. often
tiik n. pond
tikerber n. gooseberry
tikk n. match
tilk n. drop
tingimus n. condition
tint n. ink
tipp n. top
tirima v. pull

toetus n. support
tohtima v. be allowed
toimetus n. editorial office
toit n. food
toll n. customs
tolm n. dust
tomat n. tomato
toode n. product
tool n. chair
tooma v. bring
toores adj. raw
tore adj. splendid
torm n. storm
torn n. tower
tort n. cake
tosin n. dozen
traat n. wire
traditsioon n. tradition
tragöödia n. tragedy
trahv n. fine, penalty
transport n. transportation
trauma n. trauma
treening n. training
trepp n. stairs
triibuline adj. striped
triikima v. iron
triikraud n. iron
trumm n. drum
truu adj. faithful
trükkima v. print
tsirkus n. circus
tualett n. toilet
tuba n. room
tubakas n. tobacco
tubli adj. fine
tugev adj. strong
tuhat num. thousand
tuim adj. dull
tuju n. mood
tulekahju n. fire
tulema v. come
tulemus n. result
tuletikk n. match
tulevik n. future

tuli *n.* fire
tulu *n.* income
tume *adj.* dark
tumm *adj.* mute, silent
tund *n.* hour
tundma *v.* feel
tunnel *n.* tunnel
tunnistus *n.* testimony;
  certificate
tuntud *adj.* known
turg *n.* market
turist *n.* tourist
tuttav *adj.* known, familiar
tutvustama *v.* introduce
tuul *n.* wind
tuuline *adj.* windy
tuvi *n.* pigeon
tõbi *n.* disease
tõenäoliselt *adv.* probably
tõestama *v.* prove
tõlkima *v.* translate
tõmbama *v.* pull
tõsi *adj.* true
tõstma *v.* lift
tõttu *postp.* because of
tõukama *v.* push
tõusma *v.* rise, get up
tädi *n.* aunt
tähelepanu *n.* attention
tähendus *n.* meaning
tähestik *n.* alphabet
tähitud *adj.* registered (letter)
täht *n.* star
tähtis *adj.* important
tähtpäev *n.* anniversary
täis *adj.* full (of)
täna *adv.* today
tänama *v.* thank
tänav *n.* street
täpp *n.* spot, dot
täpselt *adv.* exactly
töö *n.* work
tööstus *n.* industry

töötasu *n.* wages, pay
tüdruk *n.* girl; maid
tühi *adj.* empty
tühistama *v.* cancel
tüli *n.* quarrel
tütar *n.* daughter
tütarlaps *n.* girl
tüürima *v.* steer
tüütama *v.* bother

U

uba *n.* bean
udune *adj.* misty
udusuled *n. pl.* down
uhke *adj.* proud
uisutama *v.* skate
ujula *n.* swimming pool
ujuma *v.* swim
uks *n.* door
umbes *adv.* about,
  approximately
unenägu *n.* dream
unistama *v.* dream
unustama *v.* forget
uputama *v.* drown, sink
usaldama *v.* trust
usaldus *n.* trust
usk *n.* belief
usklik *adj.* religious
uss *n.* snake
uudis *n.* news
uudishimulik *adj.* curious
uuendus *n.* innovation
uuesti *adv.* again
uus *adj.* new
uusaasta *n.* New Year

V

vaade *n.* sight, view
vaarikas *n.* raspberry
vaas *n.* vase

vaatama *v.* watch
vaba *adj.* free
vabadus *n.* freedom
vabandama *v.* excuse
vabariik *n.* republic
vabastama *v.* free, liberate
vabatahtlik *adj.* voluntary
vabrik *n.* factory
vaene *adj.* poor
vahe *n.* difference
vaheaeg *n.* interval
vahel *postp.* between; *adv.* sometimes
vahele *postp.* in between, among
vahepeal *adv.* meantime
vahetama *v.* change
vahetund *n.* recess, break
vahistama *v.* arrest
vahukoor *n.* whipped cream
vaid *conj.* but
vaidlema *v.* argue
vaikima *v.* be silent
    ole vait! keep quiet!
vaip *n.* carpet
vajalik *adj.* necessary
vajutama *v.* press
valama *v.* pour
vale *n.* lie
valgus *n.* light
valik *n.* choice
valitsus *n.* government
vallaline *adj.* unmarried
valmis *adj.* ready, ripe
valmistama *v.* prepare
valu *n.* pain
vana *adj.* old
vanaaegne *adj.* antique
vanem *adj.* older
vangla *n.* prison
vann *n.* bath
vannituba *n.* bathroom
vanus *n.* age

vara *n.* fortune; *adv.* early
varas *n.* thief
vari *n.* shadow
varjama *v.* conceal
varrukas *n.* sleeve
varsti *adv.* soon
varvas *n.* toe
vasak *adj.* left
vasar *n.* hammer
vastama *v.* answer
vastik *adj.* disgusting
vastu *prep., postp., adv.* against
vastupidav *adj.* durable
vastupidine *adj.* opposite
vastutus *n.* responsibility
vastuvõetav *adj.* acceptable
vastuvõtt *n.* reception
vedelik *n.* liquid
veekindel *adj.* waterproof
veel *adv.* still, yet
veel kord once more, again
veerand *n.* quarter
veerema *v.* roll
veetma *v.* spend
veidi *adv.* a little
vein *n.* wine
veiseliha *n.* beef
vend *n.* brother
venima *v.* stretch
veoauto *n.* truck
verejooks *n.* bleeding
vererõhk *n.* blood pressure
veri *n.* blood
vesi *n.* water
veski *n.* mill
vestlema *v.* talk
viga *n.* mistake
vigastus *n.* damage, injury
vihastama *v.* get angry
vihm *n.* rain
vihmavari *n.* umbrella
viibima *v.* stay

viima *v.* take, carry
viimaks *adv.* at last
viin *n.* vodka
viinamari *n.* grape
viiner *n.* sausage
viisakas *adj.* polite
vikerkaar *n.* rainbow
viktoriin *n.* quiz
villane *adj.* woollen
vilu *adj.* cool
virsik *n.* peach
viskama *v.* throw
vooder *n.* lining
voodi *n.* bed
voodipesu *n.* bed linen
vorst *n.* sausage
vurrud *n. pl.* moustache
või *n.* butter; *conj.* or
võib-olla *adv.* perhaps
võileib *n.* sandwich
võim *n.* power
võimalik *adj.* possible
võistlus *n.* competition
võit *n.* victory
võlg *n.* dept
võlgnema *v.* owe
võlu *n.* charm
võrdne *adj.* equal
võrk *n.* net
võrkpall *n.* volleyball
võti *n.* key
võtma *v.* take
võõras *n.* stranger, foreigner
võõrastemaja *n.* hotel
võõrkeel *n.* foreign language
väga *adv.* very, very much
vähe *adv.* little, few
vähk *n.* crayfish
väike *adj.* small, little
välja *adv., postp.* out of, from
väljak *n.* square
väljamüük *n.* sale
väljas *adv.* outside

väljast *adv.* from outside
väljavaade *n.* view, outlook
väljendama *v.* express
väljuma *v.* go out, get off
välk *n.* lightning
vältel *postp.* during
vältima *v.* avoid
värav *n.* gate
värisema *v.* shiver, tremble
värske *adj.* fresh
värv *n.* color
väsima *v.* get tired
väänama *v.* twist, wring
väärtuslik *adj.* valuable
vöö *n.* belt
vürts *n.* spice

Õ

õde *n.* sister
õhk *n.* air
õhtu *n.* evening
õhuke *adj.* thin
õige *adj.* right
õis *n.* flower
õitsema *v.* blossom, bloom
õlg *n.* shoulder
õli *n.* oil
õmblema *v.* sew
õmblusmasin *n.* sewing machine
õngitsema *v.* fish (for)
õnn *n.* happiness
õnneks *adv.* luckily
õnnesoov *n.* congratulations
õnnestuma *v.* succeed
õnnetu *adj.* unhappy
õnnetusjuhtum *n.* accident
õpetaja *n.* teacher
õpik *n.* textbook
õpilane *n.* pupil
õppima *v.* learn, study
õrn *adj.* tender

õu *n.* yard
õudne *adj.* horrible
õun *n.* apple

Ä

ähvardama *v.* threaten
äike *n.* thunderstorm
äkki *adv.* suddenly
ämber *n.* bucket
ämblik *n.* spider
ära *adv.* away, off
  ära karda! don't be afraid!
  ära mine! don't go!
ärakiri *n.* copy
äraminek *n.* leaving
ärasõit *n.* departure
äratuskell *n.* alarm clock
ärimees *n.* businessman
ärkama *v.* wake up
ärritus *n.* irritation
äädikas *n.* vinegar
äär *n.* edge
äärelinn *n.* suburb
ääres *postp.* at
äärest *postp.* from
äärmiselt *adv.* extremely

Ö

ökonomist *n.* economist
ökonoomne *adj.* economical
öö *n.* night
ööbik *n.* nightingale
öökull *n.* owl
ööpäev *n.* twenty-four hours
öövalve *n.* night watch

Ü

üheaegselt *adv.*
  simultaneously
ühendama *v.* connect, join

üheskoos *adv.* together
ühesugune *adj.* identical,
  similar
ühing *n.* union
ühiselt *adv.* in common,
  together
ühiselamu *n.* hostel, dormitory
üksi *adv.* alone
üksik *adj.* single
üksindus *n.* solitude
ükskord *adv.* once
ükskõik *adv.* all the same; it
  makes no difference
ükskõikne *adj.* indifferent
üksmeel *n.* harmony
üldine *adj.* general
üldse *adv.* at all
üldtuntud *adj.* well-known
üle *prep., postp., adv.* over,
  about, across
ülearune *adj.* superfluous
üleeile *adv.* the day before
  yesterday
ülehomme *adv.* the day after
  tomorrow
ülekaal *n.* overweight
ülekäik *n.* crosswalk
ülem, -us *n.* chief
ülemine *adj.* upper
üleni *adv.* all over
ülepäeviti *adv.* every other day
üles *adv.* up
ülesanne *n.* task
ülestunnistus *n.* confession
ületama *v.* overcome
ülevaade *n.* review
üleval *adv.* up, above
ülevalt *adv.* from above
ülikond *n.* suit
ülikool *n.* university
üliõpilane *n.* student
üllatama *v.* surprise
üllatuma *v.* be surprised

ümar *adj.* round
ümber *prep., postp.* around
ümbrik *n.* envelope
ümbrus(-kond) *n.*
 environment
ümmargune *adj.* round
üritus *n.* attempt
üsna *adv.* rather
ütlema *v.* say, tell
üür *n.* rent

ENGLISH-ESTONIAN DICTIONARY

A

abbreviation *n.* lühend
about *prep.* üle; *adv.* ümber
above *prep.* peal, üle, kohal
abscess *n.* mädanik
absence *n.* puudumine
acceleration *n.* kiirendus
accent *n.* rõhk
accept *v.* vastu võtma
access *n.* sissepääs
accident *n.* õnnetusjuhtum
accommodation *n.* majutus
ache *n.* valu; *v.* valutama
acquaint *v.* tutvustama
act *n.* toiming, akt; *v.*
    tegutsema
address *n.* aadress
admission *n.* sissepääs
admit *v.* lubama
adopt *v.* vastu võtma;
    lapsendama
adult *adj.* täiskasvanud
advertisement *n.* kuulutus
advice *n.* nõuanne
after *prep.* pärast, taga
afternoon *n.* pärastlõuna
afterwards *adv.* pärast,
    hiljem
again *adv.* jälle, uuesti
against *prep.* vastu
age *n.* vanus
agree *v.* nõustuma
agreement *n.* kokkulepe
air *n.* õhk
alarm clock *n.* äratuskell
alcohol *n.* alkohol
alive *adj.* elus
all *adj.* kõik
allow *v.* lubama
almost *adv.* peaaegu

along *prep.* piki; *adv.* kaasa
alongside *adv.* kõrvuti
aloud *adv.* valjusti
alphabet *n.* tähestik
already *adv.* juba
also *adv.* samuti, ka
although *conj.* ehkki, olgugi et
always *adv.* alati
amazing *adj.* imestusväärne
amber *n.* merevaik
ambulance *n.* kiirabiauto
amend *v.* parandama
American *n.* ameeriklane;
    adj. ameerika
amount *n.* hulk, summa
amusement *n.* meelelahutus
ancient *adj.* vanaaegne
and *conj.* ja, ning
anger *n.* viha
angle *n.* nurk
angry *adj.* vihane
animal *n.* loom
ankle *n.* pahkluu
anniversary *n.* aastapäev
announcement *n.* kuulutus
another *adj.* teine
answer *n.* vastus
antiquary *n.* antikvaar
any *adj.* mõni, keegi
anywhere *adv.* kusagil,
    kõikjal
apparent *adj.* nähtav
appendix *n.* ussjätke
appetite *n.* isu
applause *n.* aplaus
apple *n.* õun
appointment *n.* määramine,
    kokkusaamine
approve *v.* heaks kiitma
approximate *adj.* ligikaudne

apricot *n.* aprikoos
architect *n.* arhitekt
area *n.* pind, ala
argument *n.* vaidlus, väide
arm *n.* käsivars
armchair *n.* tugitool
army *n.* sõjavägi, armee
around *adv.* ümberringi
arrival *n.* saabumine
arrive *v.* saabuma
art *n.* kunst
artery *n.* arter
artificial *adj.* kunstlik
artist *n.* kunstnik
as *adv.* nii, niisama
ashtray *n.* tuhatoos
ask *v.* küsima, paluma
assent *n.* nõusolek
assist *v.* abistama
association *n.* ühing
asthma *n.* astma
astonish *v.* hämmastama,
    imestama
atheism *n.* ateism
athletic *adj.* atleetiline
attention *n.* tähelepanu
attitude *n.* poos, suhtumine
attractive *adj.* kütkestav
aunt *n.* tädi
author *n.* autor
autumn *n.* sügis
available *adj.*
    tarvitamiskõlblik;
    kättesaadav
avenue *n.* allee, puiestee
average *n.* keskmine
avoid *v.* vältima
awkward *adj.* kohmakas

B

baby *n.* imik, beebi
back *n.* selg, tagakülg
bad *adj.* halb

badge *n.* märk
bag *n.* kott
baggage *n.* pagas
bake *v.* küpsetama
balcony *n.* palkon, rõdu
ball *n.* pall
ballet *n.* ballett
Baltic *adj.* balti
banana *n.* banaan
bandage *n.* side
band-aid *n.* plaaster
bank *n.* pank
banner *n.* lipp
banquet *n.* bankett
bar *n.* baar
bar of chocolate *n.*
    šokolaaditahvel
barber *n.* habemeajaja
basic *adj.* põhiline
basket *n.* korv
bathe *v.* suplema
bathroom *n.* vannituba
bathtub *n.* vann
battery *n.* patarei
bay *v.* haukuma
beach *n.* rand
beam *n.* kiir
bean *n.* uba
bear *n.* karu
beard *n.* habe
beat *v.* peksma
beautiful *adj.* ilus
beauty *n.* ilu
because *conj.* sellepärast et
become *v.* saama
bed *n.* voodi
bedroom *n.* magamistuba
bee *n.* mesilane
beef *n.* loomaliha, veiseliha
beer *n.* õlu
beet *n.* peet
before *adv.* ees, ette, enne
begin *v.* algama
behave *v.* käituma

behind *prep.* taga
belief *n.* usk
believe *v.* uskuma
bell *n.* kell
belt *n.* vöö
bench *n.* pink
berry *n.* mari
better *adj.* parem
between *adv.* vahel
beware *v.* hoiduma; *interj.*
    ettevaatust!
Bible *n.* piibel
bicycle *n.* jalgratas
big *adj.* suur
bill *n.* arve
billiards *n.* piljard
bind *v.* siduma
bird *n.* lind
birth *n.* sünd
birthday *n.* sünnipäev
bitter *adj.* mõru
black *adj.* must
blackberry *n.* põldmari
blanket *n.* tekk
bleeding *n.* verejooks
blessing *n.* õnnistus
blind *adj.* pime
block *n.* kvartal
blood *n.* veri
blossom *n.* õis
blouse *n.* pluus
blue *adj.* sinine
boat *n.* paat
body *n.* keha
boil *v.* keetma
bone *n.* kont, luu
book *n.* raamat
boot *n.* saabas
border *n.* piir
botanical garden *n.*
    botaanikaaed
both *pron.* mõlemad
bottle *n.* pudel
bowl *n.* kauss

box *n.* kast
boy *n.* poiss
bra *n.* rinnahoidja
brain *n.* (pea)aju
brake *n.* pidur
brave *adj.* vapper
bread *n.* leib
break *v.* murdma
breakdown *n.* avarii
breakfast *n.* hommikusöök
breathe *v.* hingama
bribe *n.* altkäemaks
bride *n.* pruut
bridge *n.* sild
brief *adj.* lühike
briefcase *n.* portfell
bright *adj.* särav
bring *v.* tooma
broadcast *n.* saade
brooch *n.* pross
brother *n.* vend
brown *adj.* pruun
brush *n.* hari
bucket *n.* pang, ämber
building *n.* ehitus, hoone
burn *v.* põlema
bus *n.* buss
business *n.* äri, bisnis
busy *adj.* hõivatud, kinni
but *conj.* aga, kuid, vaid
butter *n.* või
button *n.* nööp
buy *v.* ostma
by *prep.* kõrval, juures

C

cabbage *n.* kapsas
café *n.* kohvik
cake *n.* kook
calculate *v.* arvestama
calendar *n.* kalender
call *v.* kutsuma
call up *v.* helistama

calm *adj.* rahulik
camera *n.* fotoaparaat
Canadian *n.* kanadalane; *adj.*
  kanada
cancel *v.* tühistama
candle *n.* küünal
candy *n.* kompvek
cap *n.* müts
capital *n.* pealinn
car *n.* auto
care *n.* hool, mure
careful *adj.* ettevaatlik
carnival *n.* karneval
carpet *n.* vaip
carrot *n.* porgand
carry *v.* kandma
cartoon *n.* karikatuur;
  multifilm
case *n.* juhtum
cashier *n.* kassapidaja, kassiir
castle *n.* loss
cat *n.* kass
catalogue *n.* kataloog
cathedral *n.* katedraal,
  toomkirik
cattle *n.* kari
cauliflower *n.* lillkapsas
caution *n.* ettevaatus
caviar *n.* kalamari, kaaviar
cavity *n.* õõs
ceiling *n.* lagi
cemetery *n.* kalmistu
cent *n.* sent
central *adj.* tsentraalne
century *n.* sajand
certain *adj.* kindel
certificate *n.* tunnistus
chain *n.* kett
chair *n.* tool
chambermaid *n.* toatüdruk
champagne *n.* šampanja
change *v.* vahetama
cheap *n.* odav

cheek *n.* põsk
cheese *n.* juust
cherry *n.* kirss
chest *n.* rind
chicken *n.* kana
chief *n.* ülem, šeff
child *n.* laps
chilly *adj.* jahe
china *n.* portselan
chocolate *n.* šokolaad
choice *n.* valik
choir *n.* laulukoor
Christian *adj.* kristlik
Christmas *n.* jõulud
church *n.* kirik
cigar *n.* sigar
cinema *n.* kino
circle *n.* ring
circus *n.* tsirkus
citizen *n.* kodanik
citizenship *n.* kodakondsus
city *n.* linn
civil *adj.* era-, kodaniku-
claw *n.* küüs
clay *n.* savi
clean *v.* puhastama
clear *adj.* selge
clerk *n.* kontoriametnik
clever *adj.* tark
climate *n.* kliima
clinic *n.* kliinik
close *v.* sulgema
cloth *n.* riie
cloud *n.* pilv
club *n.* klubi
coast *n.* (mere)rand
cocoa *n.* kakao
cod *n.* tursk
coffee *n.* kohv
coin *n.* münt
cold *adj.* külm
collar *n.* krae
collision *n.* kokkupõrge
color *n.* värv

comb *n.* kamm; *v.* kammima
combination *n.*
  kombinatsioon
come *v.* tulema
comedy *n.* komöödia
compass *n.* kompass
compassion *n.* kaastunne
compile *v.* koostama
complain *v.* kaebama
complex *adj.* kompleksne
complicated *adj.*
  komplitseeritud, keerukas
composer *n.* helilooja
computer *n.* arvuti
conception *n.* mõiste
concert *n.* kontsert
conclude *v.* järeldama
condition *n.* tingimus
conference *n.* konverents,
  nõupidamine
confide *v.* usaldama
congratulate *v.* õnnitlema
connect *v.* ühendama
consider *v.* arvama
consist *v.* koosnema
constant *adj.* püsiv
consulate *n.* konsulaat
contact *n.* kokkupuude,
  kontakt
conversation *n.* vestlus
cook *n.* kokk; *v.* keetma
cool *adj.* jahe
copy *n.* koopia
cord *n.* nöör, pael
corn *n.* teravili; mais
corner *n.* nurk
correction *n.* parandus
cost *n.* hind, kulu; *v.* maksma
cotton *n.* puuvill
cough *n.* köha
count *v.* arvutama, lugema
country *n.* maa; küla
couple *n.* paar
courage *n.* julgus

cousin *n.* onu-, tädipoeg;
  onu-, täditütar
cover *v.* katma
cow *n.* lehm
cozy *adj.* mugav
craft *n.* osavus; käsitöö
cranberry *n.* jõhvikas
crawl *v.* roomama
crayfish *n.* jõevähk
crazy *adj.* hull
cream *n.* koor
credit *n.* usaldus; laen
crime *n.* kuritegu
crooked *adj.* kõver
crop *n.* saak
crow *n.* vares
crowd *n.* rahvahulk
cruise *n.* merereis
crumple *v.* kortsutama
cry *v.* karjuma; nutma
cuckoo *n.* kägu
cucumber *n.* kurk
cue *n.* märgusõna, vihje
cuff *n.* mansett
cunning *adj.* kaval
cup *n.* tass
cupola *n.* kuppel
curd *n.* kohupiim
cure *v.* ravima
curiosity *n.* uudishimu
currant *n.* korint; sõstar
currency *n.* valuuta
current *adj.* kehtiv, käibiv
curtain *n.* kardin
custom *n.* komme
cut *v.* lõikama
cutlet *n.* kotlet, karbonaad
cynical *adj.* küüniline

D

daily *adj.* igapäevane
dairy *n.* meierei
damage *n.* vigastus, kahjustus

dance *n.* tants; *v.* tantsima
dangerous *adj.* ohtlik
dark *adj.* pime
date *n.* kuupäev
daughter *n.* tütar
dawn *n.* koit
day *n.* päev
dead *n.* surnu, elutu; *adj.* surnud
deaf *adj.* kurt
dear *adj.* kallis, armas
death *n.* surm
deceive *v.* petma
deception *n.* pettus
decide *v.* otsustama
decision *n.* otsus
declension *n.* käänamine
decorate *v.* dekoreerima
deep *adj.* sügav
defense *n.* kaitse
deficiency *n.* puudujääk
degree *n.* kraad, aste
delay *n.* viivitus, edasilükkamine
deliberate *adj.* sihilik
deliver *v.* kätte toimetama
demon *n.* deemon
dentist *n.* hambaarst
depart *v.* lahkuma
department store *n.* kaubamaja
depend *v.* sõltuma
describe *v.* kirjeldama
design *n.* disain; muster
desk *n.* kirjutuslaud
dessert *n.* magustoit
detach *v.* eraldama
detour *n.* ümbersõit
development *n.* areng; ilmutamine
devil *n.* kurat
dew *n.* kaste
diagnosis *n.* diagnoos
diamond *n.* teemant

diet *n.* dieet
difference *n.* erinevus
difficult *adj.* raske
dig *v.* kaevama
dip *v.* sukelduma; kastma
direct *adj.* sirge
dirty *adj.* must, määrdunud
discomfort *n.* ebamugavus
discussion *n.* diskussioon, arutlus
disease *n.* haigus
dish *n. pl.* sööginõud
dishonest *adj.* ebaaus
dissension *n.* lahkarvamus
distance *n.* kaugus
district *n.* piirkond
disturb *v.* rahu rikkuma, häirima
divide *v.* jagama
divorce *n.* abielulahutus
dizzy *adj.* peadpööritav
do *v.* tegema
doctor *n.* arst
document *n.* dokument
dog *n.* koer
doll *n.* nukk
dollar *n.* dollar
domestic *adj.* kodune; sisemaine
door *n.* uks
double *adj.* kahekordne
doubt *n.* kahtlus
dove *n.* tuvi
down *n. pl.* udusuled; *adv.* alla, all
draw *v.* joonistama; tõmbama
dread *n.* hirm
dreadful *adj.* hirmus
dream *n.* unenägu, unistus
dress *n.* kleit
drink *v.* jooma
drip *v.* tilkuma
drive (car) *v.* juhtima
drop *n.* tilk

drug *n.* narkootikum
drugstore *n.* apteek
drunk *adj.* purjus
dry *adj.* kuiv
duck *n.* part
duplicate *n.* koopia; *v.*
   paljundama
dust *n.* tolm
duty *n.* kohus, toll
dye *n.* värv

E

each *pron.* iga
ear *n.* kõrv
early *adj.* varajane
earn *v.* teenima
earnest *adj.* aus
earring *n.* kõrvarõngas
earth *n.* maa
east *n.* ida
Easter *n.* lihavõtted
easy *adj.* kerge
eat *v.* sööma
echo *n.* kaja
economic *adj.* majanduslik
edge *n.* äär
education *n.* haridus
egg *n.* muna
elbow *n.* küünarnukk
elect *v.* valima
electrical *adj.* elektriline
embarrassment *n.* piinlikkus
embassy *n.* saatkond
embroider *v.* tikkima
emerald *n.* smaragd
emergency *n.* hädaolukord
emotion *n.* erutus, emotsioon
empty *adj.* tühi
end *n.* lõpp
enemy *n.* vaenlane
engine *n.* masin; mootor
English *adj.* inglise
enjoy *v.* nautima

enough *adj.* küllalt
ensure *v.* garanteerima
enter *v.* sisenema
entertainment *n.*
   meelelahutus
entrance *n.* sissepääs
entrust *v.* usaldama
entry permit *n.*
   sissesõiduluba
envelope *n.* ümbrik
envy *n.* kadedus
equal *adj.* võrdne
escalator *n.* eskalaator
especially *adv.* eriti
Estonian *n.* eestlane; *adj.* eesti
European *n.* eurooplane; *adj.*
   euroopa
even *adj.* võrdne; *adv.* isegi
evening *n.* õhtu
event *n.* sündmus
every *adj.* iga
everyday *adj.* igapäevane
everywhere *adv.* kõikjal
evil *adj.* kuri
exact *adj.* täpne
example *n.* näide
except *prep.* välja arvatud
exchange rate *n.*
   valuutakurss
excursion *n.* ekskursioon
excuse *n.* vabandus
exhibition *n.* näitus
exit *n.* väljapääs
expect *v.* ootama
expense *n.* kulu
expensive *adj.* kallis
experience *n.* kogemus
exploration *n.* uurimine
express *v.* väljendama
extraordinary *adj.*
   erakorraline
extremity *n.* äärmus
eye *n.* silm

eyebrow *n.* silmakulm
eyewitness *n.* pealtnägija

F

fabric *n.* riie
face *n.* nägu
factory *n.* vabrik
fade *v.* närtsima, tuhmuma
fair *n.* laat
fall *v.* kukkuma
falsehood *n.* vale
family *n.* perekond
famous *adj.* kuulus
fan *n.* lehvik
far *adj.* kauge; *adv.* kaugel
fare *n.* sõiduraha
farm *n.* farm, talu
farther *adv.* kaugemal
fashion *n.* mood
fast *adj.* kiire
fat *adj.* paks
father *n.* isa
fault *n.* viga
fear *n.* kartus; *v.* kartma
feature *n.* iseärasus
feed *v.* söötma
feel *v.* tundma
female *adj.* emane
ferry *n.* parvlaev
fever *n.* palavik
few *adj.* vähe, vähesed
fiction *n.* ilukirjandus
field *n.* põld
fight *v.* võitlema
figure *n.* kuju
fill *v.* täitma
film *n.* film
find *v.* leidma
fine *n.* trahv
finger *n.* sõrm
finish *v.* lõpetama
fire *n.* tuli
first *adj.* esimene

fish *n.* kala
fix *v.* parandama
flag *n.* lipp
flexible *adj.* painduv
flight *n.* lend; *v.* lendama
floor *n.* põrand
flour *n.* jahu
flower *n.* lill, õis
fly *n.* kärbes
fog *n.* udu
folk *n.* rahvas
food *n.* toit
fool *n.* lollpea
foot *n.* jalg
for *prep.* ees, jaoks, pärast
forbid *v.* keelama
force *n.* jõud
foreign *adj.* välismaine
foreigner *n.* välismaalane
forest *n.* mets
forever *adv.* igavesti,
  alatiseks
forget *v.* unustama
forgive *v.* andestama
fork *n.* kahvel
formality *n.* formaalsus
forward *adv.* edasi
found *v.* rajama
fountain *n.* purskkaev
fox *n.* rebane
fragile *adj.* habras, õrn
fragrant *adj.* healõhnaline
frame *n.* raam
free *adj.* vaba; *adv.* tasuta
freedom *n.* vabadus
frequent *adj.* sage, sagedane
fresh *adj.* värske
friend *n.* sõber
friendly *adj.* sõbralik
frost *n.* külm, pakane
fruit *n.* puuvili
fry *v.* praadima
fulfil *v.* täitma
full *adj.* täis

fully *adj.* täielikult
fun *n.* nali
funeral *n.* matus
fur *n.* karusnahk
further *adv.* edaspidi
  furthermore peale selle
future *n.* tulevik

G

game *n.* mäng
gape *v.* haigutama
garage *n.* garaaž
garbage *n.* prügi
garden *n.* aed
garlic *n.* küüslauk
gas *n.* bensiin
gate *n.* värav
gather *v.* korjama
general *adj.* üldine
generous *adj.* suuremeelne
gentle *adj.* pehme
German *n.* sakslane; *adj.*
  saksa
get *v.* saama
get up *v.* tõusma
gift *n.* kink
gild *v.* kuldama
girl *n.* tütarlaps
give *v.* andma
glad *adj.* rõõmus
glance *n.* pilk
glass *n.* klaas
glasses *n. pl.* prillid
glory *n.* kuulsus
glove *n.* kinnas
glue *n.* liim
go *v.* käima
goal *n.* eesmärk
god *n.* jumal
good *adj.* hea
goods *n.* kaup
good-bye! *interj.* head aega!
goose *n.* hani

grain *n.* teravili
gram *n.* gramm
grammar *n.* grammatika
granddaughter *n.* poja- või
  tütretütar
grandfather *n.* vanaisa
grandmother *n.* vanaema
grandson *n.* poja- või
  tütrepoeg
grape *n.* viinamari
grass *n.* rohi
grateful *adj.* tänulik
grave *n.* haud
great *adj.* suur
greedy *adj.* ahne
greengrocer *n.*
  aedviljamüüja
greeting *n.* tervitus
grocery *n.* toidupood
ground *n.* maapind
group *n.* grupp
grow *v.* kasvama
guard *v.* valvama
guest *n.* külaline
guide *n.* teejuht, giid
guilt *n.* süü
gum *n.* kumm, närimiskumm
gun *n.* püss

H

habit *n.* harjumus
hair *n.* juuksed
haircut *n.* juukselõikus
hairdo *n.* soeng
hairdresser *n.* juuksur
half *n.* pool
ham *n.* sink
hand *n.* käsi
handkerchief *n.* taskurätik
hang *v.* rippuma, riputama
happy *adj.* õnnelik
harbor *n.* sadam
hard *adj.* kõva

hare *n.* jänes
harmful *adj.* kahjulik
harvest *n.* saak
hat *n.* kübar
have *v.* omama
he *pron.* tema, ta
head *n.* pea
health *n.* tervis
hear *v.* kuulama
heart *n.* süda
heat *n.* kuumus
heavy *adj.* raske
heel *n.* kand; konts
help *v.* aitama; *interj.* appi!
hen *n.* kana
herd *n.* kari
here *adv.* siin
hero *n.* kangelane
herring *n.* heeringas
herself *pron.* ise
hide *v.* peitma
high *adj.* kõrge
highway *n.* peatee
him *pron.* teda
his *pron.* tema
history *n.* ajalugu
hobby *n.* hobi
hold *v.* hoidma
hole *n.* auk
holiday *n.* puhkepäev
home *n.* kodu
honest *adj.* aus
honey *n.* mesi
honor *n.* au; *v.* austama
hook *n.* haak
hope *n.* lootus; *v.* lootma
horizon *n.* horisont
horse *n.* hobune
hospital *n.* haigla
hospitality *n.* külalislahkus
hostel *n.* ühiselamu
hot *adj.* kuum
hotel *n.* hotell, võõrastemaja
hour *n.* tund

house *n.* maja
how *adv.* kuidas
huge *adj.* hiiglasuur
humid *adj.* niiske
humor *n.* huumor
hundred *num.* sada
hungry *adj.* näljane
hunting *n.* jaht
hurry *v.* kiirustama
hurt *v.* vigastama; valutama
husband *n.* abikaasa
hysterical *adj.* hüsteeriline

I

I *pron.* mina, ma
ice *n.* jää
ice cream *n.* jäätis
idea *n.* idee
identical *adj.* identne
if *conj.* kui, kas
ill *adj.* haige
illegal *adj.* illegaalne,
    ebaseaduslik
illness *n.* haigus
imagine *v.* ette kujutama
immediate *adj.* viivitamatu
impatient *adj.* kannatamatu
impolite *adj.* ebaviisakas
important *adj.* tähtis
impossible *adj.* võimatu
impression *n.* mulje
improper *adj.* kõlbmatu
in *prep.* sees, sisse
incident *n.* juhtum
incidental *adj.* juhuslik
include *v.* sisaldama
income *n.* tulu
incompetent *adj.*
    asjatundmatu
incredible *adj.* uskumatu
indeed *adv.* tõepoolest
independence *n.* iseseisvus
indifferent *adj.* ükskõikne

indigestion *n.* seedehäire
inexpensive *adj.* odav
infection *n.* nakkus
inflammation *n.* põletik
influence *v.* mõjutama
influenza *n.* gripp
inject *v.* süstima
ink *n.* tint
innocent *adj.* süütu
inscription *n.* pealkiri
insect *n.* putukas
inside *adv.* seespool
instead *adv.* selle asemel
institute *n.* instituut
instruction *n.* instruktsioon, õpetus
insufficient *adj.* puudulik
intention *n.* kavatsus
interesting *adj.* huvitav
intermission *n.* vaheaeg
internal *adj.* sisemine
international *adj.* rahvusvaheline
interpreter *n.* tõlkija, tõlk
intestine *n. pl.* sooled
introduction *n.* sissejuhatus, tutvustus
invite *v.* (külla) kutsuma
iron *n.* triikraud; *v.* triikima
irritation *n.* ärritus
island *n.* saar
issue *n.* väljaanne
itself *pron.* ise

J

jam *n.* moos, keedis
jar *n.* purk
jazz *n.* džäss
jealous *adj.* armukade
Jew *n.* juut
jewel *n.* kalliskivi
job *n.* töö, amet
join *v.* ühendama

joke *n.* nali
journalist *n.* ajakirjanik
joyful *adj.* rõõmus
juice *n.* mahl
jump *v.* hüppama

K

key *n.* võti
kidney *n.* neer
kilogram *n.* kilo
kilometer *n.* kilomeeter
kind *n.* sort; *adj.* heasüdamlik
kiss *v.* suudlema
kitchen *n.* köök
knee *n.* põlv
knife *n.* nuga
knock *n.* koputus; *v.* koputama
know *v.* teadma
knowledge *n.* teadmine
kroon *n.* kroon (Est. money)

L

lace *n.* pits
lady *n.* daam, proua
lake *n.* järv
lame *adj.* lonkav
lamp *n.* lamp
land *n.* maa; *v.* maanduma
language *n.* keel
large *adj.* suur
last *adj.* viimane; *v.* kestma
late *adv.* hilja, *adj.* hiline
laugh *n.* naer; *v.* naerma
laundry *n.* pesumaja
law *n.* seadus
lawyer *n.* jurist; advokaat
lazy *adj.* laisk
lead *v.* juhtima
leaf *n.* leht

leather *n.* nahk
leave *v.* lahkuma
lecture *n.* loeng
left *adj.* vasak
leg *n.* jalg
legal *adj.* seaduslik
lemon *n.* sidrun
length *n.* pikkus
less *adj.* vähem
lesson *n.* õppetund
let *v.* laskma, lubama
letter *n.* kirjatäht; kiri
level *n.* tase
library *n.* raamatukogu
license *n.* luba
lie *v.* lamama; valetama
life *n.* elu
light *n.* valgus; *adj.* kerge; *v.*
    valgustama
like *v.* meeldima; *adj.* sarnane
line *n.* joon
lip *n.* huul
list *n.* nimestik
literature *n.* kirjandus
little *adj.* väike
live *v.* elama
liver *n.* maks
loaf *n.* leivapäts
lobby *n.* fuajee; eesruum
local *adj.* kohalik
lock *n.* lukk
lonely *adj.* üksik
long *adj.* pikk
look *v.* vaatama
lose *v.* kaotama
loud *adv.* valjusti
love *n.* armastus; *v.*
    armastama
low *adj.* madal
luck *n.* õnn
luggage *n.* pagas
lunch *n.* lõuna
lung *n.* kops
luxury *n.* luksus

M
mad *adj.* hull
magazine *n.* ajakiri
magnificent *adj.* suurepärane
maid *n.* neiu; teenijatüdruk
mail *n.* post; *v.* postitama
main *adj.* peamine
maintain *v.* hooldama;
    säilitama
majority *n.* enamus
make up *v.* minkima
malicious *adj.* kuri
man *n.* mees; inimene
manager *n.* juht, korraldaja
many *adj.* palju
map *n.* kaart
market *n.* turg
marriage *n.* abielu
may *v.* tohin, tohid jne.; võin,
    võid jne.
maybe *adv.* võib-olla
meal *n.* söök, eine
meaning *n.* tähendus
meanwhile *adv.* samal ajal
measure *n.* mõõt
meat *n.* liha
mechanics *n.* mehhaanika
medicine *n.* meditsiin; ravim
meet *v.* kohtama
meeting *n.* kohtamine,
    koosolek
melon *n.* melon
member *n.* liige
memory *n.* mälu
mend *v.* parandama
mental *adj.* vaimne
menu *n.* menüü
meter *n.* meeter
middle *adj.* keskmine
midnight *n.* kesköö
mild *adj.* pehme
military *adj.* sõjaväeline
milk *n.* piim
mind *n.* mõistus; arvamus

mine *pron.* minu oma
minute *n.* minut
miracle *n.* ime
mirror *n.* peegel
misfortune *n.* õnnetus
mistake *n.* viga
misty *adj.* udune
misunderstanding *n.*
    arusaamatus
mix *n.* segu; *v.* segama
modest *adj.* tagasihoidlik
moisture *n.* niiskus
monastery *n.* klooster
money *n.* raha
    money order rahakaart
month *n.* kuu
monthly *adj.* igakuune
monument *n.* monument,
    ausammas
mood *n.* tuju
moon *n.* kuu
more *adj.* rohkem, enam, veel
morning *n.* hommik
mosquito *n.* sääsk, moskiito
mother *n.* ema
motor *n.* mootor
motorcycle *n.* mootorratas
mountain *n.* mägi
mouse *n.* hiir
mouth *n.* suu
move *v.* liikuma
mud *n.* pori
multiply *n.* korrutama
murder *n.* mõrv
murderer *n.* mõrvar
muscle *n.* muskel
museum *n.* muuseum
mushroom *n.* seen
music *n.* muusika
must *v.* pidama
mustard *n.* sinep
mutton *n.* lambaliha
mutual *adj.* vastastikune

myself *pron.* mina ise
mystery *n.* saladus;
    salapärasus

N

nail *n.* nael; küüs
naked *adj.* alasti
name *n.* nimi
napkin *n.* salvrätik
narrow *adj.* kitsas
nasty *adj.* pahur; halb
nation *n.* rahvus
native *adj.* kodumaine
natural *adj.* loomulik
nature *n.* loodus
nausea *n.* iiveldus;
    merehaigus
navy *n.* merevägi
near *adv.* lähedal, ligidal
nearby *adj.* lähedalasuv
necessary *adj.* vajalik
neck *n.* kael
need *n.* vajadus
needle *n.* nõel
negotiation *n.* läbirääkimine
neighbor *n.* naaber
nephew *n.* vennapoeg,
    õepoeg
nerve *n.* närv
nervous *adj.* närviline
never *adv.* ei iialgi
new *adj.* uus
news *n.* uudis
newspaper *n.* ajaleht
next *adj.* järgmine
nice *adj.* kena
niece *n.* vennatütar, õetütar
night *n.* öö
no *interj.* ei; *adv.* ei, mitte;
    adj. mitte ükski, mitte
    mingi
nobody *pron.* mitte keegi
noise *n.* kisa, lärm

nonsense *n.* rumalus
nonstop *adj.* peatuseta
noon *n.* keskpäev
normal *adj.* normaalne
north *n.* põhi
nose *n.* nina
not *adv.* ei, mitte
notebook *n.* märkmik
nothing *pron.* ei midagi
noticeable *adj.* märgatav
notify *v.* teatama
novel *n.* romaan
now *adv.* nüüd, praegu
number *n.* arv, number
nun *n.* nunn
nurse *n.* meditsiiniõde
nut *n.* pähkel

O

oak *n.* tamm
oatmeal *n.* kaerapuder
objection *n.* vastuväide
obligatory *adj.* kohustuslik
obvious *adj.* ilmne, selge
occupation *n.* tegevus;
  elukutse
ocean. *n.* ookean
off *adv.* ära, eemale;
  prep. pealt
offend *v.* solvama
offer *v.* pakkuma
office *n.* kontor
often *adv.* tihti, sageli
oil *n.* õli
O.K. *interj.* hea küll!
old *adj.* vana
on *prep.* peal, peale
once *adv.* üks kord
oneself *pron.* ise; ennast
onion *n.* sibul
only *adj.* ainus; *adv.* ainult
open *adj.* avatud
opera *n.* ooper

operation *n.* tegevus;
  operatsioon
opinion *n.* arvamus
opportunity *n.* soodne
  võimalus
opposite *adj.* vastasolev;
  vastand
optician *n.* optik
or *conj.* või, ehk
oral *adj.* suuline
orange *n.* apelsin
orchestra *n.* orkester
order *n.* kord; käsk
origin *n.* päritolu
orthodox *adj.* õigeusklik
other *adj.* teine, muu
outside *adj.* väline; *adv.*
  väljas
oven *n.* ahi
over *prep.* üle
owe *v.* võlgnema
own *adj.* oma, enda
oxygen *n.* hapnik
oyster *n.* auster

P

pacify *v.* rahustama, lepitama
pack *n.* pakk; *v.* pakkima
page *n.* lehekülg
pain *n.* valu
painting *n.* maal
pair *n.* paar
palace *n.* palee; loss
pale *adj.* kahvatu
pancake *n.* pannkook
paper *n.* paber
parents *n. pl.* vanemad
park *n.* park; *v.* parkima
parsley *n.* petersell
part *n.* osa, jagu
participation *n.* osavõtt
passage *n.* läbikäik
passenger *n.* reisija

passport *n.* pass
past *n.* minevik
pastime *n.* ajaviide
pastry *n.* küpsis, kook
patient *n.* patsient; *adj.*
 kannatlik
patronize *v.* kaitsma
pay *v.* maksma
pea *n.* hernes
peace *n.* rahu
peach *n.* virsik
pear *n.* pirn
pearl *n.* pärl
peasant *n.* talupoeg
pedestrian *n.* jalakäija
pen *n.* sulg
pencil *n.* pliiats
pensioner *n.* pensionär
people *n.* inimesed
pepper *n.* pipar
perform *v.* täitma; esinema
performance *n.* ettekanne
perfume *n.* parfüüm
perhaps *adv.* võib-olla
permanent *adj.* püsiv
permission *n.* luba
person *n.* isik
photograph *n.* foto
phrasebook *n.* vestmik
pick *v.* korjama
picture *n.* pilt
pie *n.* pirukas
piece *n.* tükk
pig *n.* siga
pigeon *n.* tuvi
pike *n.* haug
pill *n.* pill; tablett
pillow *n.* padi
pillowcase *n.* padjapüür
pin *n.* nööpnõel
pineapple *n.* ananass
pipe *n.* piip
pity *n.* kaastunne

place *n.* koht
plant *n.* taim; *v.* istutama
plate *n.* taldrik
play *n.* näidend; *v.* mängima
playground *n.* mänguväljak
pleasant *adj.* meeldiv
please *v.* meeldima; *interj.*
 palun
pleasure *n.* nauding
plum *n.* ploom
plumber *n.* torulukksepp
pneumonia *n.* kopsupõletik
pocket *n.* tasku
poetry *n.* luule
point *n.* punkt
poise *n.* tasakaal
poison *n.* mürk
police *n.* politsei
polish *v.* poleerima
polite *adj.* viisakas
politics *n. pl.* poliitika
pond *n.* tiik
poor *adj.* vaene
population *n.* elanikkond
pork *n.* sealiha
porridge *n.* puder
port *n.* sadam
portable *adj.* portatiivne
porter *n.* kange tume õlu;
 pakikandja
portrait *n.* portree
possible *adj.* võimalik
postcard *n.* postkaart
poster *n.* plakat
pot *n.* pott
potato(es) *n.* kartul(id)
pound *n.* nael
pour *v.* valama
power *n.* jõud, võim
precise *adj.* täpne
preface *n.* eessõna
pregnancy *n.* rasedus

prepare *v.* ette valmistama
prescription *n.* (arsti)retsept
present *n.* kink; *adj.* praegune
pressure *n.* surve, vajutus
pretty *adj.* kena, ilus
price *n.* hind
pride *n.* uhkus; *v.* uhkustama
priest *n.* preester
prison *n.* vangla
probable *adj.* tõenäoline
problem *n.* probleem
product *n.* toode
profession *n.* elukutse
professor *n.* professor
profitable *adj.* kasulik
prohibit *v.* keelama
promise *n.* lubadus; *v.* lubama
pronunciation *n.* hääldamine
proper *adj.* sobiv
property *n.* omand, vara
proposal *n.* ettepanek
proud *adj.* uhke
prove *v.* tõestama
proverb *n.* vanasõna
public bath *n.* saun
puddle *n.* lomp
pull *v.* tõmbama
pulse *n.* pulss
pumpkin *n.* kõrvits
punishment *n.* karistus
purchase *n.* ost
purpose *n.* eesmärk, otstarve
push *v.* lükkama
put *v.* panema
puzzle *n.* mõistatus

Q

quality *n.* kvaliteet
quantity *n.* kvantiteet, hulk
quarrel *n.* tüli
question *n.* küsimus
quick *adj.* kiire

quiet *adj.* rahulik, vaikne
quiver *v.* värisema

R

rabbit *n.* küülik
radio *n.* raadio
radish *n.* redis
railing *n.* käsipuu
railroad *n.* raudtee
rain *n.* vihm; *v.* vihma
    sadama
raise *v.* tõstma
rare *adj.* harv, hõre
raspberry *n.* vaarikas
rate of exchange *n.*
    valuutakurss
rather *adv.* pigem, üsna
raw *adj.* toores
ray *n.* kiir
razor *n.* habemenuga, žilett
read *v.* lugema
ready *adj.* valmis
real *adj.* tõeline
rear *n.* seljatagune, tagakülg
reason *n.* põhjus
receive *v.* vastu võtma,
    kätte saama
reception *n.* vastuvõtmine
recognize *v.* ära tundma
recommend *v.* soovitama
record *n.* heliplaat
reduce *v.* vähendama
refrigerator *n.* külmkapp
refuse *v.* keelduma
registration *n.*
    registreerimine
relative *n.* sugulane
reliable *adj.* kindel
reluctance *n.* vastumeelsus
remainder *n.* ülejääk
remember *v.* meeles pidama
repair *n.* parandus

repeat *v.* kordama
report *n.* aruanne; *v.* ette
  kandma
republic *n.* vabariik
request *n.* palve
research *n.* uurimine,
  uurimistöö
reserve *n.* tagavara; *v.* ette
  tellima, varuma
resident *n.* alaline elanik
resist *v.* vastu panema
resort *n.* kuurort
respect *n.* austus
rest *n.* puhkus; *v.* puhkama
restaurant *n.* restoran
retire *v.* ametist lahkuma
return *v.* tagasi pöörduma
reward *n.* autasu
rhythm *n.* rütm
rib *n.* ribi
rich *adj.* rikas
ride *v.* sõitma
right *n.* õigus; *adj.* parem
ring *n.* sõrmus
rinse *v.* loputama
ripe *adj.* küps
rise *v.* tõusma
river *n.* jõgi
road *n.* tee
roast *n.* praad; *v.* praadima
rock *n.* kalju
roll *n.* rull; sai
roof *n.* katus
room *n.* tuba
rope *n.* köis, nöör
rose *n.* roos
round *adj.* ümmargune
row *n.* tüli; rida; *v.* sõudma
rubber *n.* kumm
rudder *n.* tüür
rude *adj.* ebaviisakas
rule *n.* reegel
run *v.* jooksma
rush *v.* tormama

rust *n.* rooste
rustle *n.* kahin

S

sad *adj.* kurb
safe *adj.* ohutu
safety *n.* julgeolek, ohutus
sailing *n.* meresõit,
  purjetamine
salad *n.* salat
sale *n.* müük
salesman *n.* müüja
salmon *n.* lõhe
salt *n.* sool
salty *adj.* soolane
sample *n.* mudel
sand *n.* liiv
sandwich *n.* võileib
satisfaction *n.* rahuldus
sauce *n.* soust, kaste
sauna *n.* soome saun
sausage *n.* vorst; viiner
save *v.* päästma
savings *n. pl.* kokkuhoid
say *v.* ütlema
scarf *n.* sall
schedule *n.* sõiduplaan,
  graafik
scholar *n.* teadlane
school *n.* kool
science *n.* teadus
scissors *n. pl.* käärid
screen *n.* ekraan
sculpture *n.* skulptuur
sea *n.* meri
seat *n.* istekoht
second *adj.* teine
secret *n.* saladus
section *n.* osa; sektsioon
see *v.* nägema
self *n.* ise
selfish *adj.* egoistlik
sell *v.* müüma

send v. saatma
sensible adj. mõistlik
separate v. lahutama
serious adj. tõsine
set n. komplekt
sew v. õmblema
shadow n. vari
shake v. raputama
shame n. häbi
share n. jagu; v. jagama
sharp adj. terav
shave v. habet ajama
she pron. tema, ta
sheet n. voodilina
shine n. päikesepaiste; läige
ship n. laev
shirt n. särk
shoe n. king
shop n. kauplus
short adj. lühike
shoulder n. õlg
shout n. hüüd; v. hüüdma
show v. näitama
shower n. dušš
shrimp n. krevett
shrink v. kokku tõmbuma
sick adj. haige
side n. pool, külg
sidewalk n. kõnnitee
sight n. nägemine
sign n. märk
signature n. allkiri
silence n. vaikus
silver n. hõbe
similar adj. sarnane
simple adj. lihtne
simultaneous adj. üheaegne
sin n. patt
since prep. saadik
sincere adj. avameelne
sing v. laulma
sister n. õde
situation n. asukoht; olukord
size n. suurus

skate n. uisk; v. uisutama
ski n. suusk; v. suusatama
skin n. nahk
skirt n. seelik
sky n. taevas
sleep n. uni; v. magama
sleeve n. käis
sleigh n. saan
slip v. libisema
slow adj. aeglane
small adj. väike
smart adj. tark; peen, moodne
smell n. lõhn
smile n. naeratus; v. naeratama
smoke n. suits; v. suitsetama
smooth adj. sile
snack bar n. toidubaar,
   einelaud
sneakers n. pl. botased
snow n. lumi
so adv. nii, nõnda
soap n. seep
soccer n. jalgpall
sock n. sokk
sofa n. sohva, diivan
soft adj. pehme
soldier n. sõdur
sole n. tald
some adj. mõni
somehow adv. kuidagi(viisi)
sometimes adv. mõnikord
son n. poeg
song n. laul
soon adv. varsti
sorry adj. kurb; interj.
   vabandust!
sort n. sort
soul n. hing
sound n. heli
soup n. supp
sour adj. hapu
   sour cream hapukoor
south n. lõuna
souvenir n. suveniir

spare time *n.* vaba aeg
speak *v.* rääkima
speciality *n.* eriala
speech *n.* kõne
speed *n.* kiirus
spicy *adj.* vürtsitatud
spider *n.* ämblik
spoil *v.* rikkuma
spoon *n.* lusikas
sport(s) *n.* sport
spot *n.* plekk
spring *n.* kevad
square *adj.* nelinurkne
stadium *n.* staadion
stage *n.* näitelava
staircase *n.* trepp
stamp *n.* postmark
stand *n.* seisma
star *n.* täht
starch *n.* tärklis
state *n.* riik
station *n.* jaam
stay *v.* viibima; peatuma
steal *v.* varastama
steep *adj.* järsk
step *n.* samm
stew *n.* ühepajaroog; *v.* hautama
sticky *adj.* kleepuv
still *adv.* veel, siiski, ometi, endiselt
stocking *n.* sukk
stomach *n.* kõht; magu
stop *n.* peatus; *interj.* stopp!
store *n.* pood, kauplus
storm *n.* torm
story *n.* lugu, jutustus
stove *n.* ahi, pliit
straight *adj.* sirge
strain *v.* pingutama
strange *adj.* imelik
stranger *n.* võõras
strawberry *n.* maasikas
street *n.* tänav

strength *n.* jõud
stress *n.* pinge
stretcher *n.* kanderaam
strict *adj.* range
stroke *n.* löök, hoop; silitus
stroll *n.* jalutuskäik
strong *adj.* tugev
stubborn *adj.* kangekaelne
student *n.* üliõpilane
• study *v.* õppima
stuffing *n.* täidis
stupid *adj.* rumal
subject *n.* teema
substitute *v.* asendama
suburb *n.* eeslinn
subway *n.* metroo
success *n.* edu
such *adj.* niisugune, selline
suddenly *adv.* äkki
suffering *n.* kannatus
sugar *n.* suhkur
suggest *v.* soovitama
suicide *n.* enesetapja; enesetapp
suit *n.* ülikond
suitcase *n.* kohver
summer *n.* suvi
sun *n.* päike
sunburn *n.* päevitus
sunrise *n.* päikesetõus
sunset *n.* päikeseloojang
supper *n.* õhtusöök
support *n.* toetus
suppose *v.* oletama
sure *adj.* kindel
surgeon *n.* kirurg
surname *n.* perekonnanimi
surprise *n.* üllatus; *v.* üllatama
swallow *v.* neelama
sweater *n.* kampsun
sweet *adj.* magus
swim *v.* ujuma
swing *v.* kiikuma

sympathy *n.* sümpaatia
system *n.* süsteem

T

table *n.* laud
tail *n.* saba
tailor *n.* rätsep
take *v.* võtma
tale *n.* jutt, jutustus
talk *v.* rääkima
talkative *adj.* jutukas
tap *n.* kraan
tape recorder *n.* magnetofon
taste *n.* maitse
tasteless *adj.* maitsetu
tasty *adj.* maitsev
tax *n.* riigimaks
taxi *n.* takso
tea *n.* tee
teacher *n.* õpetaja
tear *n.* pisar
teaspoon *n.* teelusikas
telegram *n.* telegramm
telegraph *n.* telegraaf
telephone *n.* telefon
television *n.* televiisor
tell *v.* rääkima
temperature *n.* temperatuur
temporal *adj.* ajutine
tender *adj.* õrn, hell
tennis *n.* tennis
tension *n.* pinevus; *v.*
     pingestama
tent *n.* telk
terrible *adj.* kohutav
testify *v.* tunnistama
textbook *n.* õpik
than *conj.* kui
thank *v.* tänama
     thank you! tänan!
that *pron.* see, too
theater *n.* teater
then *adv.* siis; sellisel juhul

there *adv.* seal; sinna
therefore *adv.* sellepärast
thermometer *n.* termomeeter
they *pron.* nemad, nad
thick *adj.* paks, jäme
thief *n.* varas
thin *adj.* peenike
think *v.* mõtlema
thirst *n.* janu
this *pron.* see
thought *n.* mõte
thousand *num.* tuhat
thread *n.* niit
threat *n.* ähvardus
throat *n.* kõri
through *prep.* läbi
thumb *n.* pöial
thunder *n.* piksemürin
thunderstorm *n.* äike
ticket *n.* pilet
tie *n.* lips; *v.* siduma
time *n.* aeg
timetable *n.* sõiduplaan
tip *n.* ots; jootraha
tired *adj.* väsinud
to *prep.* -le, -ni, -ks, -sse;
     juurde, kuni, külge
tobacco *n.* tubakas
today *adv.* täna
together *adv.* koos
toilet *n.* tualett; WC
tomato *n.* tomat
tombstone *n.* hauakivi
tomorrow *adv.* homme
tongue *n.* keel
too *adv.* liiga, ülearu
tooth *n.* hammas
toothache *n.* hambavalu
toothbrush *n.* hambahari
top *n.* tipp, ülaosa, ots
torch *n.* tõrvik
touch *v.* puudutama
tour *n.* ringreis, matk
tourist *n.* turist

towel *n.* käterätik
tower *n.* torn
town *n.* linn
toy *n.* mänguasi
traffic *n.* liiklus
tragedy *n.* tragöödia
train *n.* rong
transit *n.* transiit
translate *v.* tõlkima
translator *n.* tõlkija, tõlk
trash *n.* praht, rämps
travel *v.* reisima
traveler *n.* reisija
treatment *n.* kohtlemine;
  ravimine
tree *n.* puu
trip *n.* reis, ekskursioon
trousers *n. pl.* püksid
trout *n.* forell
true *adj.* tõeline
trust *v.* usaldama
truth *n.* tõsi, tõde
try *v.* proovima
tuna *n.* tuunikala
turkey *n.* kalkun
turn off *v.* välja lülitama,
  kinni keerama
turn on *v.* sisse lülitama,
  lahti keerama
turnip *n.* naeris; kaalikas
twin *n.* kaksik
twist *v.* väänama; keerutama
typical *adj.* tüüpiline

U

ugly *adj.* inetu
ulcer *n.* haavand
umbrella *n.* vihmavari
uncle *n.* onu
under *prep. adv.* all, alla
underline *v.* alla kriipsutama
understand *v.* aru saama,
  mõistma

undertaking *n.* ettevõte
underwear *n.* aluspesu
undress *v.* lahti rõivastuma
unemployment *n.* tööpuudus
unexpected *adj.* ootamatu
unfair *adj.* ebaõiglane
unfamiliar *adj.* tundmatu
unforgettable *adj.*
  unustamatu
unfortunate *adj.*
  ebaõnnestunud
unhappy *adj.* õnnetu
unimportant *adj.* tähtsusetu
union *n.* ühing
universal *adj.* universaalne
university *n.* ülikool
unknown *adj.* tundmatu
unnatural *adj.* ebaloomulik
unpleasant *adj.* ebameeldiv
untidy *adj.* kasimatu, korratu
until *prep.* kuni, -ni; *conj.*
  kuni, seni kui
untrue *adj.* vale
unusual *adj.* harukordne
up *adv.* üles, ülal; *prep.* üles,
  vastu
upper *adj.* ülemine
uprising *n.* mäss
upside down *adv.* pahupidi
urgent *adj.* kiire,
  edasilükkamatu
urine *n.* uriin
use *v.* tarvitama
useful *adj.* kasulik
useless *adj.* kasutu
usual *adj.* harilik, tavaline

V

vacation *n.* koolivaheaeg,
  puhkus
vague *adj.* ebamäärane
valid *adj.* kehtiv
valley *n.* org

valuable *adj.* väärtuslik
value *n.* väärtus
vanilla *n.* vanill, vanilje
vase *n.* vaas
veal *n.* vasikaliha
vegetable *n.* köögivili
vein *n.* soon, veen
venison *n.* ulukiliha
verse *n.* värss; salm
very *adj.* väga
vest *n.* vest
victory *n.* võit
view *n.* vaade
village *n.* küla
violence *n.* vägivald
visa *n.* viisa
visible *adj.* nähtav
vocabulary *n.* sõnavara
voice *n.* hääl
voluntary *adj.* vabatahtlik
vote *v.* hääletama
voyage *n.* reis

W

waist *n.* piht, talje
wait *v.* ootama
waiter *n.* kelner
waiting room *n.* ooteruum
walk *n.* käik; *v.* käima, kõndima
wall *n.* sein
wallet *n.* rahatasku
want *v.* tahtma
war *n.* sõda
warm *adj.* soe
warning *n.* hoiatus
wash *v.* pesema
wasp *n.* herilane
watch *n.* käekell
watchman *n.* vaht, öövaht
water *n.* vesi
waterfall *n.* kosk, juga
watermelon *n.* arbuus

wave *n.* laine
way *n.* tee
we *pron.* meie, me
weak *adj.* nõrk
weather *n.* ilm
wedding *n.* pulm
week *n.* nädal
weight *n.* kaal
welcome *n.* tervitus; *interj.* tere tulemast!
well *adj.* hästi
west *n.* lääs
westward *adj.* läänepoolne
wet *adj.* märg
what *pron.* mis
wheat *n.* nisu
wheel *n.* ratas
when *adv.* millal
where *adv. conj.* kus, kuhu
which *adj. pron.* kumb, missugune
whisper *n.* sosin
white *adj.* valge
who *pron.* kes
whole *adj.* terve, täielik
wide *adj.* lai
widow *n.* lesk
widower *n.* lesk (mees)
width *n.* laius
wife *n.* abikaasa, naine
wild *adj.* metsik
win *n.* võit; *v.* võitma
wind *n.* tuul
window *n.* aken
windy *adj.* tuuline
wine *n.* vein
winter *n.* talv
wisdom *n.* tarkus
wish *n.* soov
with *prep.* koos, -ga
witness *n.* tunnistaja
woman *n.* naine
wonderful *adj.* imeline
wood *n.* puit

wooden *adj.* puust, puidust
wool *n.* vill
word *n.* sõna
work *n.* töö; *v.* töötama
world *n.* maailm
worry *n.* mure; *v.* muretsema
worse *adj.* halvem
worship *v.* jumaldama
wound *n.* haav
wrap *v.* pakkima
write *v.* kirjutama
writer *n.* kirjanik
wrong *adj.* ebaõige, vale

X

X-ray *n.* röntgen

Y

yacht *n.* jaht(laev); *v.*
   purjetama
year *n.* aasta
yellow *adj.* kollane
yes *adv.* jah
yesterday *adv.* eile
young *adj.* noor
youth *n.* noorus

Z

zero *n.* null
zipper *n.* tõmbelukk
zoo *n.* loomaaed

ESTONIAN PHRASEBOOK

1. Essential Expressions

The Basics

Jah. / Jaa.
Yes.

Jah, palun!
Yes, please!

Ei.
No.

Tänan, ei!
No, thank you!

Hästi!
Fine! OK!

Tänan, pole viga.
Not bad, thanks.

Kõik on korras.
All right.

Kas kõik on korras?
Is everything all right?

Kindlasti!
Certainly!

Muidugi!
Of course!

Mul ükskõik.
It's all the same.

Aidake mind!
Help me!

Oodake, palun!
Wait a little!

Mis?
What?

Mis see on?
What's that?

Mida see tähendab?
What does that mean?

Kus?
Where?

Kuhu?
Where to?

Kuidas?
How?

Kui kaugel?
How far?

Kui kaua?
How long?

Millal?
When?

Kes?
Who?

Kes see on?
Who is that?

Kui palju?
How much?

Ma ei saa
I can't

Ma tahan ...
I want to ...

> **... puhata**
> ... rest

> **... süüa**
> ... eat

> **... juua**
> ... drink

> **... magada**
> ... sleep

Andke mulle, palun, ...
Please give me ....

Näidake mulle, palun, ...
Please show me ... .

Palun tähelepanu!
Attention, please!

Ettevaatust!
Look out!

Kiirustage!
Hurry up!

Tulge siia!
Come here!

Greetings

Tere!
Hello, Hi!

Tere hommikust.
Good morning.

Tere päevast.
Good afternoon.

Tere õhtust.
Good evening.

Head ööd.
Good night.

Head aega.
Good-bye.

Hüvasti!
Bye!

Nägemiseni.
See you later.

Tere tulemast!
Welcome!

Apologies

Vabandage.
Excuse me.

Vabandage.
I beg your pardon.

Palun vabandust.
I'm so sorry.

Mul on kahju.
I'm sorry.

Pole viga.
It's all right.

Pole tänu väärt.
Don't mention it.

Pole midagi.
Not at all.

Vabandage, kas ma saaksin mööda?
Excuse me! May I get by?

Vabandage, et ma hilinesin.
Sorry I'm late.

Vabandage, et ma teid segan.
Sorry for disturbing you.

Kui kahju.
What a pity.

Thanks

Tänan teid.
Thank you.

Aitäh.
Thanks.

Suur tänu.
Many thanks.

Tänan väga.
Thank you very much.

Ma olen teile väga tänulik.
I'm very grateful to you.

Tänan, et tulite.
Thank you for coming.

Tänan teid külalislahkuse eest.
Thank you for your hospitality.

Võtke heaks.
You're welcome.

See on teist väga kena.
It's so nice of you.

Approval — Good Wishes

Vahva!
Great!

Tubli!
Well done!

See on ... !
It is ... !

> **... suurepärane**
> ... wonderful

> **... oivaline**
> ... marvelous

Soovin õnne!
Congratulations!

Õnn kaasa!
Good luck!

Lõbutsege hästi!
Enjoy yourself!

Soovin ilusat ... !
Have a nice ... !

> **... reisi**
> ... trip

> **... puhkust**
> ... holiday

> **... nädalalõppu**
> ... weekend

Palju õnne sünnipäevaks!
Happy birthday!

Head uut aastat!
Happy New Year!

Häid jõulupühi!
Merry Christmas!

Häid lihavõttepühi!
Happy Easter!

Häid pühi!
Season's greetings!

Properties

vähe / palju
a little, a few / much, many

Essential Expressions

avatud / suletud
open / closed

suur / väike
big / small

hea / halb
good / bad

kuum / külm
hot / cold

noor / vana
young / old

uus / vana
new / old

vaba / hõivatud
vacant / occupied

huvitav / igav
interesting / dull

puhas / must
clean / dirty

vara / hilja
early / late

paks / peenike
thick / thin

pikk / lühike
tall / short

kiire / aeglane
quick / slow

kerge / raske
easy / difficult

küllalt
enough

liiga palju
too much

2. Border Formalities & Customs

Tere tulemast Eestisse!
Welcome to Estonia!

Teie pass, palun!
Your passport, please!

Siin on mu pass.
Here is my passport.

Siin on mu ravikindlustuspoliis.
Here is my health insurance.

Mis on teie reisi eesmärk?
What is the purpose of your visit?

Ma olen transiitreisija.
I am a transit traveler.

Ma olen siin ... .
I am here ... .

> **... puhkusel**
> ... on vacation

> **... äriasjus**
> ... on business

> **... õppimas**
> ... to study

Ma ei tea.
I don't know.

Ma ei saa aru.
I don't understand.

Kus on toll?
Where is customs?

Kas ma pean täitma tollideklaratsiooni?
Must I fill in a customs declaration?

Kas teil on midagi deklareerida?
Do you have anything to declare?

Mul ei ole midagi deklareerida.
I have nothing to declare.

Palun avage oma kohvrid!
Open your suitcases, please!

Need asjad on minu isiklikuks tarbeks.
These things are for my personal use.

Need on kingitused.
These are gifts.

Need kõik on minu riided.
All these are my clothes.

Selles kohvris on ainult raamatud.
This suitcase contains only books.

Need esemed kuuluvad tollimaksu alla.
These things are subject to duty.

Kui palju ma pean tollimaksu maksma?
How much duty must I pay?

Palun täitke see kaart!
Fill in this card, please!

Kui kauaks te kavatsete siia jääda?
How long are you going to stay here?

Border Formalities & Customs

Ma jään siia … .
I'll be staying … .

> **… kuuks**
> … a month

> **… nädalaks**
> … a week

> **… mõneks päevaks**
> … a few days

Siis te peate oma viisat pikendama.
Then you have to extend your visa.

Palun, kõik on korras.
Here you are. Everything is in order.

Võite minna.
You may pass.

Soovin teile meeldivaid päevi Eestis!
I wish you a pleasant stay in Estonia!

Tartu Ülikooli esindaja tuleb mulle vastu.
I must meet a representative from the University of Tartu.

Kas te aitaksite mul teda leida?
Could you help me to find him?

On siin kusagil pakikäru?
Are there any luggage carts?

Üks kohver on puudu.
There's a suitcase missing.

Minu pagas on kadunud.
My luggage is lost.

Viige need asjad ... !
Take these things to the...!

... taksosse
... taxi

... käsipakkide hoiuruumi
... baggage room

kodakondsus
citizenship

allkiri
signature

eesnimi
first name

perekonnanimi
surname

endine perekonnanimi
maiden name

passi number
passport number

kelle poolt välja antud
issued by

väljaandmise kuupäev
date of issue

kehtiv kuni ...
valid until ...

sünniaeg
date of birth

sünnikoht
place of birth

töökoht
occupation

alaline elukoht
permanent address

pakikärud
luggage carts

käsipakkide hoiuruum
lost luggage room

3. Introductions

Kuidas teie nimi on?
What is your name?

Minu nimi on ... .
My name is ... .

Meeldiv teiega tutvuda!
Pleased to meet you!

Kas ma tohin teid tutvustada ...?
May I introduce you to ...?

> **... oma mehega (abikaasaga)**
> ... my husband

> **... naisega (abikaasaga)**
> ... my wife

Palun tutvustage mind oma sõbrale!
Please introduce me to your friend!

Me oleme juba kohtunud.
We have met already.

Kuidas käsi käib?
How are you?

Tänan, hästi.
I'm fine, thanks.

Ja teil?
And you?

Kõik on korras.
I'm OK.

Nationality

Kust te pärit olete?
Where are you from?

Ma olen ... .
I am from ... .

> **... Ameerikast**
> ... America

> **... Inglismaalt**
> ... Britain

> **... Venemaalt**
> ... Russia

> **... Kanadast**
> ... Canada

> **... Rootsist**
> ... Sweden

> **... Norrast**
> ... Norway

> **... Soomest**
> ... Finland

Ma olen välismaalane.
I am a foreigner.

Mis rahvusest te olete?
What's your nationality?

Ma olen … .
I am … .

> **… eestlane**
> … an Estonian

> **… sakslane**
> … a German

> **… jaapanlane**
> … a Japanese

Age

Kui vana te olete?
How old are you?

Ma olen kahekümne aastane.
I am 20 years old.

Family

Kas te olete abielus?
Are you married?

Ma olen üksik.
I am single.

Kas teil on … ?
Do you have a … ?

> **… oma poiss (meestuttav)**
> … boyfriend

> **… oma tüdruk (naistuttav)**
> … girlfriend

Mis ta nimi on?
What is his / her name?

Kui palju lapsi teil on?
How many children do you have?

Mul on ...
I have a ...

> **... tütar**
> ... daughter

> **... poeg**
> ... son

Mul ei ole lapsi.
I do not have children.

Mitu õde / venda teil on?
How many sisters / brothers do you have?

isa
father

ema
mother

vanaisa
grandfather

vanaema
grandmother

vend
brother

õde
sister

laps
child

lapsed
children

tütar
daughter

poeg
son

kaksikud
twins

mees, naine (abikaasa)
husband, wife

perekond
family

mees
man

naine
woman

poiss
boy

tüdruk
girl

isik
person

rahvas
people

ämm
mother-in-law

äi
father-in-law

minia
daughter-in-law

väimees
son-in-law

õepoeg; vennapoeg
nephew

õetütar; vennatütar
niece

õemees; naisevend
brother-in-law

vennanaine; naiseõde
sister-in-law

võõrasema
stepmother

võõrasisa
stepfather

võõraspoeg
stepson

võõrastütar
stepdaughter

onupoeg; tädipoeg; onutütar; täditütar
cousin

Occupation

Millega te tegelete?
What do you do?

Kellena te töötate?
What is your occupation?

Mis elukutse teil on?
What is your profession?

Ma olen ... .
I am an / a ... .

> **... raamatupidaja**
> ... accountant

> **... näitleja**
> ... actor / actress

> **... arhitekt**
> ... architect

> **... pagar**
> ... baker

> **... juuksur**
> ... barber

> **... ärimees**
> ... businessperson

> **... puusepp**
> ... carpenter

> **... kontoriametnik**
> ... clerk

... arvutitehnik
... computer technician

... kokk
... cook

... hambaarst
... dentist

... diplomaat
... diplomat

... arst
... doctor

... õmbleja
... dressmaker

... bussijuht, autojuht
... driver (bus-, car-)

... ökonomist
... economist

... elektroonikainsener
... electronic engineer

... insener
... engineer

... põllumees / talupidaja
... farmer

... kalur
... fisherman

... ajakirjanik
... journalist

... advokaat (jurist)
... lawyer

... mehhaanik
... mechanic

... muusik
... musician

... meditsiiniõde
... nurse

... lendur
... pilot

... torulukksepp
... plumber

... kirjastaja
... publisher

... müügiagent
... salesman

... teadlane
... scientist

... sekretär
... secretary

... sõjaväelane
... serviceman

... sõdur
... soldier

... müüja
... sales clerk

... üliõpilane
... student

... õpetaja
... teacher

... ettekandja / kelner
... waitress / waiter

... kirjanik
... writer

Kus te töötate?
Where do you work?

Ma töötan ... .
I work ... .

... pangas
... in a bank

... tehases, vabrikus
... in a factory

... erafirmas
... for a private company

... haiglas
... in a hospital

... kirjastuses
... in a publishing house

... päevalehes
... for a daily newspaper

... koolis
... in a school

> **... ülikoolis**
> ... at the university

Ma olen pensionär.
I am retired.

Mul ei ole hetkel töökohta.
I have no job at the moment.

Ma otsin tööd.
I'm looking for work.

Religion

Mis usku te kuulute?
What is your religion?

Ma olen ... .
I am ... .

> **... kristlane**
> ... a Christian

> **... hindu-usuline**
> ... a Hindu

> **... muhameedlane**
> ... a Muslim

> **... juudi usku**
> ... a Jew

> **... budist**
> ... a Buddhist

Kas te olete usklik?
Are you a believer?

Introductions

Ma usun jumalat.
I believe in God.

Ma palvetan alati enne magamaminekut.
I always pray before going to bed.

Ma olen ristitud ja leeritatud.
I have been christened and confirmed.

Ma olen ateist.
I am an atheist.

Ma ei ole usklik.
I do not believe in God.

Kas Eestis on ... kirikuid?
Are there ... churches in Estonia?

> **... luteri ...**
> ... Lutheran ...

> **... katoliku ...**
> ... Catholic ...

> **... baptisti ...**
> ... Baptist ...

> **... õigeusu ...**
> ... Orthodox ...

Kas Eestis on sünagooge?
Are there synagogues in Estonia?

Kellele see kirik on pühendatud?
To whom is this church dedicated?

See kirik on pühendatud õnnistatud Neitsi Maarjale.
This church is dedicated to the Blessed Virgin Mary.

Jeesus Kristus
Jesus Christ

Püha Kolmainsus
Holy Trinity

piibel
Bible

ristilöömine
crucifixion

armulaud
communion

ülestõusmine
resurrection

4. Language

Kas te räägite ... ?
Do you speak ... ?

> **... inglise keelt**
> ... English

> **... eesti keelt**
> ... Estonian

> **... vene keelt**
> ... Russian

> **... saksa keelt**
> ... German

> **... prantsuse keelt**
> ... French

> **... hispaania keelt**
> ... Spanish

> **Ainult natuke.**
> Only a little.

> **Mitte sugugi.**
> Not at all.

Ma saan aru, kuid ma ei räägi eriti hästi.
I can understand, but I don't speak it very well.

Kas te saate minust aru?
Do you understand me?

Ma ei saa aru.
I do not understand.

Ma räägin veidi inglise keelt.
I speak a little English.

Ma räägin ... .
I speak ... .

> **... soome keelt**
> ... Finnish

> **... rootsi keelt**
> ... Swedish

> **... itaalia keelt**
> ... Italian

Palun rääkige aeglasemalt!
Please speak more slowly!

Korrake, palun!
Please repeat that!

Palun kirjutage see siia!
Please write it down here!

Palun tõlkige see mulle!
Translate this for me, please!

Mida see sõna tähendab?
What does this word mean?

Kuidas on eesti keeles ...?
What is the Estonian for ...?

Kas te ütleksite seda tähthaaval?
Could you spell it?

Te räägite inglise keelt väga hästi.
You speak English very well.

Mul on tõlki vaja.
I need an interpreter.

5. Asking for Directions

Kus asub ... ?
Where is the ... ?

> **... kunstihoone**
> ... art gallery

> **... muuseum**
> ... museum

> **... pank**
> ... bank

> **... kirik, katedraal**
> .. church, cathedral

> **... hotell**
> ... hotel

> **... ooperiteater**
> ... opera house

> **... parlamendihoone**
> ... parliament building

> **... ülikool**
> ... university

> **... politsei**
> ... police

> **... tualett**
> ... toilet

> **... keskturg**
> ... central market

> **... loomaaed**
> ... zoo

Mis ... see on?
What ... is this?

> **... tänav ...**
> ... road ...

> **... ringkond, rajoon ...**
> ... district ...

> **... linn ...**
> ... town ...

> **... küla ...**
> ... village ...

See on lähedal.
It is near.

Kas see on lähedal?
Is it near?

See on kaugel.
It is far.

Kas see on kaugel?
Is it far?

Kui kaugel see on?
How far is it?

Kui palju kilomeetreid on ...?
How many kilometers to ...?

See on viie kilomeetri kaugusel.
It is five kilometers away.

Kas te juhataksite mind ...?
Could you direct me to ...?

Asking for Directions

Kas te näitaksite mulle …?
Could you show me ...?

Kas ma saan sinna jalgsi minna?
Can I walk there?

Kuidas ma saaksin ... (Viru) tänavale?
How do I get to ... (Viru) street?

Pöörduge valgusfoori juures paremale / vasakule.
Turn right / left at the traffic light.

taga(pool)
behind

nurk
corner

kaugel
far

vasakul
left

paremal
right

ligidal, lähedal
near

põhi
North

lõuna
South

ida
East

lääs
West

kirre
Northeast

loe
Northwest

kagu
Southeast

edel
Southwest

6. Travel & Transportation

Travel: by plane, by boat, by bus, by car.
City transportation: by bus, by streetcar, by trolleybus,
by taxi.

Inquiries

Kas ma tohin küsida?
May I ask?

Kus asub reisibüroo?
Where can I find a travel agency?

Palun näidake mulle kaardil (plaanil)!
Show me on the map, please!

Kus asub ... ?
Where is the ... ?

> **... sadam**
> ... harbor

> **... lennujaam**
> ... airport

> **... raudteejaam**
> ... railroad station

> **... bussijaam**
> ... bus station

Kus ma saaksin rentida autot?
Where can I rent a car?

City Transportation

Kus asub ... ?
Where is the ... ?

> **... bussipeatus**
> ... bus stop

> **... trammipeatus**
> ... streetcar stop

> **... trollibussipeatus**
> ... trolleybus stop

> **... taksopeatus**
> ... taxi stand

Travel by Plane

lennuk
plane

lennujaam
airport

saabumine
arrival

väljumine
departure

pardapass
boarding pass

ühe suuna pilet
one-way ticket

edasi-tagasi pilet
round-trip ticket

Ma sooviksin piletit tellida.
I'd like to make a reservation.

Palun üks pilet New Yorgi lennukile.
I'd like a flight to New York.

Kas te soovite esimese, äri- või turistiklassi piletit?
Would you like first, business or economy class?

Kui palju esimese klassi pilet maksab?
How much is the first class fare?

Kas see on otsereis?
Is there a direct flight?

Kui kaua kestab vahemaandumispeatus?
How long is the layover?

Millal läheb järgmine lennuk?
When is the next flight?

Kas Tartu linnaga on lennuühendus?
Is there a connection to Tartu?

Kui sageli lennuk Tartusse läheb?
How often does the plane fly to Tartu?

Ma tahan oma tellimuse tühistada.
I'd like to cancel my reservation.

Kui palju pagasit ma võin kaasa võtta?
How much luggage am I allowed?

Mis selle reisi number on?
What's the flight number?

Mis kell me stardime / maandume?
What time do we leave / arrive?

Millise värava kaudu toimub lennukile minek?
What gate do we leave from?

Millal ma pean oma pagasi ja pileti registreerima?
What time should I check in?

Palun kutsuge stjuardess!
Call the stewardess, please!

Kinnitage rihmad!
Fasten your seat belts!

Kas sellel reisil pakutakse einet?
Will there be food served?

Kas ma võin lennukis suitsetada?
Can I smoke on board?

Travel by Boat

laevale minek
embarkation

laevalt mahatulek
disembarkation

tekk
deck

kajut
cabin

päästevest
life jacket

Travel & Transportation

päästepaat
lifeboat

postilett
post office counter

rahavahetus
money exchange

pagasiruum
luggage room

restoran
restaurant

ööklubi
nightclub

saun
sauna

ujumisbassein
swimming pool

laste mängutuba
children's playroom

pagasikapid
luggage lockers

See asub ... .
It is on the ... .

>**... ülemisel tekil**
>... sun deck

>**... autotekil**
>... car deck

>**... tekil number ...**
>... deck number

Kus asub reisilaevade sõiduplaan?
Where is the passenger ship's timetable?

Mis teenused kuuluvad piletihinna sisse?
What is included in the price of the ticket?

Vabandage, kus asub meie kajut?
Where is our cabin, please?

Millal järgmine laev väljub?
When does the next ship leave?

Kus me saame pileteid osta?
Where do we get tickets?

Kus asub randumiskai?
Where is the landing pier?

Kui kaua reis kestab?
How long is the trip?

Kus me peatume?
Where do we stop?

Mis kell me peame laevale tagasi tulema?
When do we have to be back on board?

Travel by Train

rong
train

vaksal, raudteejaam
train station

piletikassa
ticket office

väljumisaeg
departure time

saabumisaeg
arrival time

edasi-tagasi pilet
round-trip ticket

Millal piletikassa avatud on?
When does the ticket-office open?

Millal väljub järgmine rong Viljandisse?
When is the next train to Viljandi?

Kui palju maksab pilet Tartusse?
What's the fare to Tartu?

Ma sooviksin näha sõiduplaani.
I'd like to see the timetable.

Üks pilet Tartusse, palun!
One single to Tartu, please!

Kuidas ma saaksin esimesele platvormile?
How do I get to platform number 1?

Mis kell rong Tartusse jõuab?
When does the train arrive in Tartu?

Kas rong saabub õigel ajal?
Are we on time?

Rong hilineb viis minutit.
The train is five minutes late.

Kus me praegu oleme?
Where are we now?

Kui kaua me siin peatume?
How long do we stop here?

Kas jätkub aega välja minna?
Is there time to get off?

Kas see koht on kinni?
Is this seat taken?

Ma tahaksin saada ülemist / alumist kohta.
I'd like the top / bottom bunk.

Kas ma võin akna lahti teha / kinni panna?
Can I open / shut the window?

Kas selles rongis on restoranvagun?
Is there a dining car on this train?

Kus asub ... ?
Where is the ... ?

> **... ooteruum**
> ... waiting room

> **... pakikandja**
> ... porter

> **... pakihoiuruum**
> ... baggage room

Head reisi!
Have a good trip!

Travel by Bus (Coach)

Kui kaugel bussijaam on?
How far is the bus station (coach terminal)?

Kus sõiduplaan on?
Where is the timetable?

Kus piletikassa on?
Where is the ticket office?

Millal läheb järgmine buss Viljandisse?
When is the next bus to Viljandi?

Missuguse bussiga Tartusse saab sõita?
Which bus do I take to get to Tartu?

Mis kell me Tartusse jõuame?
When do we arrive in Tartu?

Mis kell buss väljub?
What time does the bus leave?

Mitmes post?
Which bay?

Ma tahaksin oma pagasi ära panna.
I would like to put my luggage in the locker.

Kui palju maksab üks pilet Tartusse?
How much is the one-way fare to Tartu?

Kas ma saaksin edasi-tagasi pileti?
Can I have a return ticket?

Travel by Car

Mul on rahvusvaheline juhiluba.
I have the international driver's license.

Siin on minu auto dokumendid:
These are the papers of my car:

juhiluba
driving license

tehniline pass
inspection certificate

liikluskindlustuspoliis
traffic insurance policy

Te võite sõita oma rahvusvahelise loaga ainult ... kuud.
You can use the international driver's license for ... months only.

Kus ma võiksin saada uue juhiloa?
Where can I get a new driver's license?

Palun minge autoinspektsiooni!
Please go to the Vehicle Inspection Department!

Kui suur on auto renditasu ühe päeva (nädala, kuu) eest?
How much is it to rent a car per day (week, month)?

Kus asub lähim bensiinijaam?
Where is the nearest filling (gas) station?

Palun pange paak täis!
Fill the tank up, please!

Palun 25 liitrit super- (tavalist, pliivaba) bensiini!
Give me 25 liters of super (regular, unleaded) gas!

Kontrollige ... !
Check the ... !

> **... õli**
> ... oil

> **... rattakumme**
> ... tires

> **... akut**
> ... battery

> **... vett**
> ... water

Kas te saaksite mu esiakna ära puhastada?
Could you clean my windshield?

Kas te juhataksite mulle teed lähima hotellini?
Can you tell me how to get the nearest hotel?

Kas te saaksite mulle seda kaardil näidata?
Can you show it to me on the map?

Kas ma tohin siin parkida?
May I park here?

Kas me oleme õigel teel Tartusse?
Are we on the right road to Tartu?

Kuidas ma leiaksin õige tee Tallinna?
How do I get to the right road to Tallinn?

Mul läks auto katki.
My car has broken down.

Midagi on juhtunud gaasipedaaliga.
There is something wrong with the acceleration pedal.

Kui kaua remont aega võtab?
How long will it take to fix it?

Kui palju remont maksab?
What will be the cost of the repair?

Ma vajan transporti auto äraviimiseks.
I need a tow truck.

gaasipedaal
accelerator pedal

mootorikate, kapott
hood

pidur
brake

kaitseraud
bumper

parkla, parkimisplats
parking lot

sidur
clutch

jaotur
distributor

autojuht
driver

mootor
engine

ventilaatoririhm
fan belt

käik
gear

süütevõti
ignition key

suunatuli
indicator light

tungraud
jack

mehhaanik
mechanic

õli
oil

bensiin
gas

küünal
plug

radiaator
radiator

tagasikäik
reverse

süüteküünlad
spark plugs

rooliratas
steering wheel

paak
tank

rattakumm
tire

tuuleklaas
windshield

Road Signs

Ettevaatust!
Caution!

Ees on teeparandus
Road work ahead

Järsk langus
Steep fall

Halb teekate
Bad road surface

Ümbersõit
Detour

Jalakäijad
Pedestrians

Kool
School

Jäine tee
Icy

Vähendage kiirust!
Slow down!

Ühesuunaline tänav
One-way street

Parkimine keelatud
No parking

Lubatud kiirus ...
Speed limit ...

> **... linnas 50 km/t**
> ... in town is 50 kmh

> **... maanteel 90 km/t**
> ... on the highway is 90 kmh

City Transportation

Kus asub lähim ... peatus?
Where is the nearest ... stop?

> **... bussi- ...**
> ... bus ...

> **... trollibussi ...**
> ... trolleybus

> **... trammi- ...**
> ... streetcar ...

Kui tihti bussid lennujaama sõidavad?
How often do the buses to the airport run?

Missugune buss / tramm läheb ... ?
Which bus / streetcar goes to the ... ?

> **... kesklinna**
> ... town center

> **... raudteejaama**
> ... railroad station

... lennujaama
... airport

... reisisadamasse
... ferryport

... lähima hotellini
... nearest hotel

Millise bussiga saab lauluväljakule?
What bus do I take to get to the song festival grounds?

Kas ma pean ümber istuma?
Do I have to transfer?

Kas see buss läheb ülikooli juurde?
Does this bus go near the university?

Kui palju pilet maksab?
How much is the fare?

Mitu peatust on enne kesklinna?
How many stops is it to the center of the town?

Te olete vales bussis.
You're on the wrong bus.

Te peate sõitma vastassuunas.
You have to go in the opposite direction.

Kas te ütleksite, kus ma pean väljuma?
Can you tell me where to get off?

Te sõitsite oma peatusest mööda.
You've missed your stop.

Kas te väljute?
Are you getting off?

Ma tahan siin / järgmises peatuses väljuda.
I want to get off here / at the next stop.

Vabandage, kas ma saaksin mööda?
Excuse me, can I get through?

Ma väljun praegu.
I'm getting off now.

Mis järgmine peatus on?
What is the next stop?

Taxi

Kus on taksopeatus?
Where is a taxi stand?

Kust ma võiksin takso saada?
Where can I get a taxi?

Taksot võib peatada igal pool.
You can stop a taxi anywhere.

Vabandage, kas te olete vaba?
Excuse me, are you free?

Kuhu te soovite sõita?
Where do you want to go?

Estonia teatri juurde, palun!
To the Estonia Theater, please!

Kui palju sõit maksma läheb?
How much will the ride cost?

Ma tahan sõita sellel aadressil.
I'd like to go to this address.

Kui kaugel see on?
How far is it?

Peatuge siin!
Stop here!

Oodake mind siin!
Wait for me here!

Ma ei saa siin oodata.
I can't wait here.

Ma olen mõne minuti pärast tagasi.
I'll be back in a couple of minutes.

Tagasi pole vaja!
Keep the change!

Mul on väga kiire.
I'm in a hurry.

Kas te võiksite kiiremini / aeglasemalt sõita?
Can you go faster / slower, please?

Läheme koju taksoga.
Let's take a taxi home.

7. Accommodations

Kas teil on tuba välja üürida?
Do you have a room for rent?

Kui suur ühe kuu üür on?
How much is it per month?

Kas kööki võib kasutada?
Are there kitchen facilities?

Ma maksan teile ühe kuu eest ette.
I will pay you one month in advance.

Kas selles korteris on telefon?
Do you have a telephone in your apartment?

Kas see korter on möbleeritud või mitte?
Is this apartment rented furnished or unfurnished?

Hotel

CHECKING IN

Ma soovin head hotelli.
I am looking for a good hotel.

Ma soovin odavat hotelli.
I am looking for an inexpensive hotel.

Kus asub hotelli registreerimislaud?
Where is the main desk?

Mul on tuba reserveeritud.
I have a reservation.

Kas teil on mõni vaba tuba?
Do you have any rooms left?

Siin on mu dokumendid.
Here are my documents.

Ma soovin ... .
I'd like a ... room.

> **... tuba ühele**
> ... single ...

> **... tuba kahele**
> ... double ...

> **... vaikset tuba**
> ... quiet ...

Ma soovin numbrit ... .
I'd like a room with a ... .

> **... kaheinimesevoodiga**
> ... double bed

> **... üheinimesevoodiga**
> ... single bed

> **... vanniga**
> ... bath

> **... dušiga**
> ... shower

> **... omaette tualetiga**
> ... private bathroom

> **... telefoniga**
> ... telephone

> **... televiisoriga**
> ... TV set

... rõduga
... balcony

... ilusa vaatega
... view

Kas teil on ...?
Is there ... ?

... restoran
... a restaurant

... söökla
... a dining room

... õhukonditsioneer
... air conditioning

... kuum vesi
... hot water

... garaaž
... a garage

... lift
... an elevator

Kas ma tohin tuba vaadata?
May I see the room?

Jah, ma võtan selle toa.
Yes, I'll take it.

Ei, see ei meeldi mulle.
No, I don't like it.

On teil midagi muud pakkuda?
Do you have anything else?

Kui palju see tuba maksab?
How much do you charge for it?

See on liiga kallis.
It is too much.

Kas teil on mõnd odavamat?
Don't you have anything cheaper?

Kas hommikueine on hinna sees?
Is breakfast included?

**Kui palju see maksab koos hommiku-, lõuna- ja
    õhtusöögiga?**
How much is it for full board?

REGISTRATION

külaliskaart
registration form

Täitke see kaart ära!
Fill in this form!

Kirjutage siia alla!
Sign here!

Teie pass, palun!
Your passport, please!

Kui kauaks te jääte?
How long will you be here?

Ma kavatsen jääda üheks päevaks.
I am going to stay for one day.

Mis mu toa number on?
What's my room number?

Accommodations

Palun andke mu võti!
My key, please!

Palun tooge mu pagas minu tuppa!
Take my luggage to my room, please!

THE STAFF

uksehoidja
doorman

pakikandja
porter

toateenija
maid

administraator
receptionist

telefonioperaator
switchboard operator

kelner
waiter

ettekandja
waitress

juhataja, mänedžer
manager

toapoiss
bellboy

SERVICE

Palun tooge mulle ...!
Please bring me ... !

> **... käterätt**
> ... a towel

> **... tekk**
> ... a blanket

> **... padi**
> ... a pillow

> **... tuhatoos**
> ... an ash tray

> **... seepi**
> ... some soap

> **... riidepuid**
> ... some hangers

Kas teil on toateenindus?
Do you have room service?

Palun helistage mulle homme kell seitse hommikul!
Please call me tomorrow at seven a. m.!

Kas toas telefoniraamat on?
Do you have a telephone book in the room?

Kas teil on linnaplaani?
Do you have a map of the city?

Kas see on tasuta?
Is it free of charge?

Ma sooviksin hommikueinet tuppa.
I'd like to have breakfast in my room.

Kas teie hotellis on ... ?
Is there ... in your hotel?

> **... pesupesemisvõimalus**
> ... laundry service ...

> **... juuksur**
> ... a hairdresser's ...

Ma tahan lasta need rõivad ... .
I'd like these clothes ... .

> **... triikida**
> ... ironed

> **... puhastada**
> ... dry-cleaned

> **... pesta**
> ... washed

Mul on neid homme vaja.
I need them tomorrow.

Kas mulle ei ole jäetud mõnd teadet?
Are there any messages for me?

Minu toa number on 34.
I am in room 34.

Ma ootan ... .
I am expecting ... .

> **... külalist**
> ... a visitor

... telefonikõnet
... a phone call

... teadet
... a message

... posti
... some mail

PROBLEMS

Kraanikauss on ummistunud.
The sink is clogged.

Ukselukk ei käi kinni.
The door doesn't lock.

Elektripirn on läbi põlenud.
The bulb has gone out.

Kraan tilgub.
The tap is dripping.

Mu tuba ei ole koristatud.
My room has not been made up.

... ei tööta.
The ... doesn't work.

Dušš ...
... shower ...

Kraan ...
... tap ...

Raadio ...
... radio ...

Televiisor ...
... television ...

Telefon ...
... telephone ...

Pistikupesa ...
... electrical outlet ...

... ei ole.
There is no ... .

Vett ...
... water

Lampi ...
... lamp

Valgust ...
... light

Kas seda saab parandada?
Can it be repaired?

CHECKING OUT

Ma lahkun ... .
I'm leaving ... .

... täna
... today

... homme hommikul
... tomorrow morning

Kas ma tohin oma arvet paluda?
May I have my bill, please?

Ma arvan, et siin on viga.
I think there's a mistake.

Palun laske mu kohvrid alla tuua?
Could you please send someone to get my bags down?

Kas te saate meile takso tellida?
Can you get us a cab?

Palun saatke mu post edasi sellele aadressile!
Please forward my mail to this address!

Camping

Kus on Eestis kämpingud?
Where are there places to camp in Estonia?

Kas siin lähedal on mõni kämping?
Is there a campsite nearby?

Kuhu ma võin telgi üles seada ja autosuvila parkida?
Where can I place my tent and park my trailer?

Kus on dušid ja tualetid?
Where are the showers and toilets?

8. Communications

Telecommunications: telephone, telegram, fax and internet facilities are available in Estonia.

Telephone

Kaugejaam, ma palun informatsiooni.
Operator, may I have information, please?

Palun seletage, kuidas tuleb helistada välismaale?
Please tell me, how can I make an international call?

Ma tahan tellida … .
I want to make … .

> **… kohaliku kõne**
> … a local call

> **… kaugekõne**
> … a trunk (international) call

> **… kaugekõne, mille eest tasub kõne vastuvõtja**
> … collect call to …

Tahaksin tellida kõne Londonisse.
I would like to order a call to London.

Riigi suunakood on … .
The country code is … .

Linna suunanumber on … .
The town code is … .

Abonendi number on … .
The number I am calling is … .

Ma tühistan oma tellimuse.
I'll cancel my order.

See number on kinni.
This number is busy.

Telefon ei vasta.
There's no answer.

Kas te saaksite homme uuesti helistada?
Would you mind calling back tomorrow?

Te valisite vale numbri.
You must have dialed the wrong number.

Hallo, Tiina räägib.
Hello! This is Tiina speaking.

Jätke teade automaatvastajale.
Leave a message on the answering machine.

Palun öelge talle, et Tiina helistas.
Please tell him Tiina has called.

Kes räägib?
Who is speaking?

Hoidke toru suule lähemal.
Put the phone closer to your mouth.

Ma ei kuule teid.
I can't hear you.

Palun rääkige kõvemini.
Please speak louder.

Öelge talle, et ta helistaks sellele numbrile.
Ask him to call this number.

Communications

Hallo! Kas ma saaksin Tiinaga rääkida?
Hello! Could I speak to Tiina?

Kas ma saaksin jätta teate?
Can I leave a message?

Kas ma võin siit helistada?
May I telephone from here?

Kas te annaksite mulle oma telefoninumbri?
Can you give me your telephone number?

Kus on siin lähim telefoniautomaat?
Where is the nearest public phone?

See on kaarditelefon.
This is a card telephone.

Kust ma saan osta telefonikaardi?
Where can I buy a phone card?

Kas see on mobiiltelefoni number?
Is it a mobile phone number?

Telegrams

Ma tahaksin telegrammi saata.
I'd like to send a telegram.

Kui palju üks sõna maksab?
What is the rate per word?

Kui palju kõik kokku maksab?
What will the total cost be?

Kui kaua telegramm Ühendriikidesse läheb?
How long will it take to reach the USA?

Fax

Ma tahaksin faksi saata.
I wish to send a fax.

Kui palju üks lehekülg maksab?
How much is it per page?

Post Office

Kus postkontor asub?
Where is the post office?

Peapostkontor on kesklinnas, aga lähim asub nurga taga.
The Main Post Office is in the center of the city, but the nearest is around the corner.

Ma tahaksin saata selle kirja ... .
I would like to send this letter by ... .

> **... õhupostiga**
> ... air mail

> **... hariliku postiga**
> ... surface mail

> **... kiirpostiga**
> ... express mail

> **... tähitud postiga**
> ... registered mail

Ma tahan saata Londonisse ... .
I want to send a ...to London.

> **... paki**
> ... parcel ...

... telegrammi
... telegram ...

... postkaardi
... postcard ...

Millal see kohale jõuab?
When will it be delivered?

Kas ma saaksin ... ?
Could I have ... ?

... kaks 5-kroonist marki
... two 5-kroons stamps

... ümbriku
... an envelope

... kirjapaberit
... writing paper

Kui palju postmarke sellele kirjale vaja on?
How many stamps do I need for this letter?

Kas sellel pakil on piisavalt marke?
Are there enough stamps for this parcel?

Ma tahan selle kirja saata tähitult.
I want to send this letter by registered mail.

Kust nõudmiseni posti kätte saab?
Where can I receive Poste Restante mail?

Ma tahan oma ... kätte saada.
I want to collect my ... .

... kirja ...
... letter

... paki ...
... parcel

Internet Services

Mul on vaja internetti.
I am looking for the Internet.

Linnas on internetipunkt (internetikohvik).
There is an Internet Center (Internet café) in town.

Kuidas teie veebiaadress on?
What is your www-address?

Ma tahan sõbrale e-maili saata.
I want to send an e-mail to my friend.

Kuidas see töötab?
How does it work?

Sisesta oma salasõna (parool).
Enter your password.

Kui palju interneti kasutamine maksab?
How much does it cost to use the Internet?

See maksab ... ühe tunni eest.
It is ... per hour.

9. Sightseeing

Kus asub turismibüroo?
Where is the tourist office?

Ma sooviksin linna näha.
I'd like to see the town.

Kas teil inglise keelt valdav giid on?
Is there a guide who speaks English?

Kas teil korraldatakse ingliskeelseid linnaekskur-sioone?
Have you got an English-language city tour?

Kui palju linnaekskursioon maksab?
How much does the city tour cost?

Millal ekskursioon algab?
When does the tour start?

Missugused on peamised vaatamisväärtused?
What are the main points of interest?

Linnas on kuulus keskaegne vanalinn oma tornide, teravate katuste ja väga kitsaste tänavatega.
The town has a famous medieval old town center with towers, steep roofs and very narrow streets.

Kas teil on mõni ajalooline keskus?
Is there a historical center?

Toompea on Tallinna ajalooline keskus, mis asetseb mäe otsas.
Toompea is the historical center of Tallinn, it is situated on a hill.

Mis lipp seal lehvib?
What flag is flying there?

Pikk Hermann on Toompea kõige kõrgem torn.
Pikk Hermann tower is the highest point on Toompea.

Seal lehvib meie riigilipp.
That is the place where our national flag is flying.

Ja mida ma sealt võiksin näha?
And what can I see from there?

Sealt ülevalt võite näha ... .
From the top of the hill you can see ... .

> **... linna panoraami**
> ... a panoramic view of the city

> **... linnamüüri kaitsetorne**
> ... the defense towers of the city wall

Seal on suurtükitorn "Kiek in de Kök" (eesti keeles Vaata Kööki).
There is a big cannon tower which is called "Kiek in de Kök"; in Estonian it means "Look into the Kitchen."

Mis selle koha nimi on?
What is that place called?

See on Tornide väljak.
That place is called "Tower Square."

Kus asub Raekoda?
Where is the Town Hall?

Raekoda asub kesklinnas.
The Town Hall is in the center of the city.

Kas teie linnal on mõni sümbol?
Have you got a city symbol?

Sightseeing

Raekoja torni tipus on meie linna sümbol "Vana Toomas."
On the top of Town Hall tower there stands a figure of "Old Thomas." That is our city's symbol.

Mida see sümbol tähendab?
What does that symbol mean?

See sümbol kaitseb meie linna vaenlaste eest.
That symbol defends our city against enemies.

Linna ajalugu ulatub tagasi 12. sajandisse.
The town's history dates back to the 12th century.

Ma kuulsin, et laulupeod on Eestis väga populaarsed.
I hear that song festivals are very popular in Estonia.

Kus neid korraldatakse?
Where are they performed?

On olemas Lauluväljak, väga ilus koht. Kui te seal seisate, siis on teie ees meri ja seljataga Lasnamägi.
There is a special Song Festival Grounds site that is a very beautiful place. If we are on the Song Festival Grounds site, the sea is in front of us and Lasnamägi is behind us.

Kui palju inimesi Lauluväljak mahutab?
How many people does the Song Festival Grounds site hold?

Lavale mahub 30 000 lauljat, aga kogu väljakule 300 000 pealtvaatajat.
The stage holds 30,000 singers and the grounds themselves hold 300,000 spectators.

Ma ei suuda seda ette kujutada!
I can't imagine that!

Lauluväljaku kõrval näen ma üht torni. Mille jaoks see on?
On the side of the Song Festival Grounds I see a tower. What is its purpose?

Laulupeo ajal põleb seal laulupeo tuli.
During the song festival a flame burns there.

Ma sooviksin külastada muuseumeid.
I'd like to go to the museum.

Mis muuseum teid huvitab?
What kind of museum do you prefer?

ajaloomuuseum
historical museum

kunstimuuseum
fine arts museum

koduloomuuseum
museum of regional studies

kirjandusmuuseum
literature museum

loodusmuuseum
natural sciences museum

etnograafiamuuseum
ethnography museum

Kas muuseumis korraldatakse giidiga ekskursioone?
Are there guided tours of the museum?

Mis kellaaegadel see muuseum on avatud?
What are the opening hours of this museum?

Kas on hinnasoodustusi ... ?
Are there discounts ... ?

... lastele
... for children

... õpilastele
... for students

... pensionäridele
... for pensioners

Ma sooviksin näha veel ... .
I'd also like to see the ... .

... ülikoolihooneid
... university campus

... katedraali
... cathedral

... ooperiteatrit
... opera house

... botaanikaaeda
... botanical gardens

... loomaaeda
... zoo

... lõbustusparki
... amusement park

Ma sooviksin külastada kunstihoonet.
I would like to visit the art gallery.

Mis näitust praegu eksponeeritakse?
What exhibitions are there at the moment?

Mis hoone see on?
What is that building?

Kes selle maja ehitas?
Who built this house?

Kelle monument see on?
Whose monument is this?

10. Entertainment & Leisure

Tickets and Seats

piletid
tickets

teatri kassa
(theater) box office

piletikassa
ticket window

Kas te soovitaksite mulle mõnd ... ?
Can you recommend a(n) ... ?

> **... ooperit**
> ... opera

> **... kontserti**
> .. concert

> **... draamalavastust**
> ... play

Kas teil täna õhtuks on pileteid?
Do you have any tickets for tonight's performance?

Kui palju nad maksavad?
How much are they?

Kõik on välja müüdud.
We're sold out.

Kas teil ei ole mõnda üleliigset piletit?
Are there any tickets left?

Mis kell etendus algab / lõpeb?
What time does the show begin / end?

Kas pileteid on vaja ette tellida?
Do we have to reserve in advance?

Kas päevane etendus on kavas?
Is there a matinee?

Siin on mu pilet.
Here is my ticket.

Kus mu koht on?
Where is my seat?

Tulge minu järel! (Järgnege mulle!)
Follow me!

Kui palju kava maksab?
How much for a program?

Kas ma võiksin saada kava?
May I have a program, please?

Vabandage, kas ma saaksin mööda?
Pardon me, can I get by?

See on minu koht.
That's my seat.

Millal on vaheaeg?
When is the intermission?

Kui kaua vaheaeg kestab?
How long is the intermission?

Need kohad asuvad lavast liiga kaugel.
These seats are too far from the stage.

parterikohad
stalls

amfiteater
amphitheater

rõdu
balcony

loož
box

vasak pool
left side

parem pool
right side

keskel, keskmine osa
middle

vestibüül
lobby

puhvet
snack bar

suitsetamisruum
smoking room

riidehoid, garderoob
coatroom

sissepääs
entrance

väljapääs
exit

Cinema, Theater & Concert

näidend
play

etendus
performance

film
movie

Mis näidend / film see on?
What kind of play / movie is it?

See on ... .
It is a ... .

> **... multifilm**
> ... cartoon

> **... komöödia**
> ... comedy

> **... dokumentaalfilm**
> ... documentary

> **... draama**
> ... drama

> **... ooper**
> ... opera

> **... kontsert**
> ... concert

> **... ballett**
> ... ballet

Kes mängib peaosa?
Who's playing the lead?

Kes on dirigent?
Who is the conductor?

Kes tantsib peaosa?
Who is dancing the lead role?

Kes on solist?
Who is the soloist?

Museum

Kelle portree see on?
Whose portrait is this?

Kes on selle maali autor?
Who is this painting by?

õlimaal
oil painting

graafika
graphic art(s)

akvarellid
watercolors

natüürmort
still life

visand, skits
sketch

avangard
avant garde

traditsiooniline kunst
traditional art

Hobbies

Millised on teie harrastused?
What are your hobbies?

Mul ei ole selleks aega.
I have no time for hobbies.

Minu lemmikajaviide on ... .
My favorite pastime is ... .

> **... laulmine kooris**
> ... singing in a choir

> **... maalimine**
> ... painting

> **... markide / müntide kogumine**
> ... collecting stamps / coins

> **... peotants**
> ... ballroom dancing

> **... rahvatants**
> ... folk dancing

> **... kalastamine**
> ... fishing

> **... aiatöö**
> ... gardening

> **... söögitegemine**
> ... cooking

... malemäng
... playing chess

Ma armastan väga ... .
I am very fond of ... .

... kududa
... knitting

... heegeldada
... crocheting

... klaverit mängida
... playing piano

... lugeda
... reading

Mulle meeldib ... .
I like ... .

... muusika
... music

... ballett
... ballet

... sport
... sports

... lugemine
... reading

... joonistamine
... painting

11. Food and Drink

Breakfast

must kohv
black coffee

... kohv
coffee ...

piimaga / koorega ...
... with milk / cream

suhkruga ...
... with sugar

ilma suhkruta ...
... without sugar

sidruniga tee
tea with lemon

piparmünditee
mint tea

šokolaad
chocolate

kakao
cocoa

piim
milk

kefiir
kefir

jogurt
yogurt

Food and Drink

apelsinimahl
orange juice

greipfruudimahl
grapefruit juice

tomatimahl
tomato juice

õunamahl
apple juice

puder
porridge

riisipuder
rice cereal

mannapuder
cooked semolina

maisihelbed piimaga
cornflakes with milk

praetud munad
fried eggs

keedetud munad
boiled eggs

munapuder
scrambled eggs

peekon munaga
bacon and eggs

juust
cheese

pannkoogid ...
pancakes with ...

> **... kalamarjaga**
> ... caviar

> **... kohupiimaga**
> ... cottage cheese

> **... keedisega (moosiga)**
> ... jam (preserves)

hamburger
hamburger

juustuburger
cheeseburger

võileib ...
sandwich with ...

> **... singiga**
> ... ham

> **... kanalihaga**
> ... chicken

> **... juustuga**
> ... cheese

pitsa ...
pizza with

> **... singiga**
> ... ham

> **... juustuga**
> ... cheese

... krevetiga
... shrimp

... seentega
... mushrooms

... anšoovisega
... anchovies

või
butter

leib
bread

röstsai
toast

prantssai, saiake
a roll

sõõrik, bontšik
doughnut

keedis, moos
jam

marmelaad
marmalade

Appetizers

roheline segasalat
mixed-greens salad

tomatisalat
tomato salad

kartulisalat
potato salad

spinatisalat
spinach salad

hapukapsas
sauerkraut

täidetud oliivid
stuffed olives

hapukurk
pickled cucumber

marineeritud / soolatud seened
marinated / salted mushrooms

krevetikokteil
shrimp cocktail

suitsulõhe
smoked salmon

suitsuangerjas
smoked eel

marineeritud heeringas
marinated herring

marineeritud austrid
pickled oysters

praetud seened hapukoorekastmes
mushrooms baked in sour cream

hanemaksapasteet
goose pate

maksapasteet
liver pate

kanamaksapasteet
chicken liver

liha / kala assortii
assorted meat / fish plate

külm praetud loomaliha
cold roast beef

külm keedetud sealiha
cold boiled pork

Soups

juurviljasupp
vegetable soup

kanasupp riisiga / nuudlitega
chicken soup with rice/noodles

puljong munaga
egg consommé

inglise härjasabasupp
English oxtail soup

sibulasupp
onion soup

hernesupp
green pea soup

seenepüreesupp
cream of mushroom soup

tomatipüreesupp
cream of tomato soup

sparglipüreesupp
cream of asparagus soup

borš
borscht

Vegetables

uba
bean

peet
beet

rooskapsas
Brussels sprouts

kapsas
cabbage

lillkapsas
cauliflower

porgand
carrot

seller
celery

mais
corn

kurk
cucumber

baklažaan
eggplant

küüslauk
garlic

rohelised herned
green peas

roheline pipar
green peppers

mädarõigas
horseradish

lehtsalat
lettuce

seened
mushrooms

sibul
onion

paprika
paprika

petersell
parsley

hernes
pea

kartul
potato

kõrvits
pumpkin

redis
radish

spinat
spinach

türgi uba
string bean

kaalikas
swede

tomat
tomato

naeris
turnip

aspar, spargel
asparagus

Spices

äädikas
vinegar

sool
salt

pipar
pepper

sinep
mustard

Preparations

Kuidas see toit on valmistatud?
How is this dish prepared?

See on ... .
It is ... .

... küpsetatud
... baked

... keedetud
... boiled

... mooritud, hautatud
... braised

... paneeritud
... breaded

... hakitud
... chopped

... praetud
... fried

... grillitud, röstitud
... grilled

... jahvatatud, peenendatud
... ground

... marineeritud
... marinated

... pošeeritud
... poached

... toores, küpsetamata
... raw

... praetud
... roasted

... suitsutatud
... smoked

... hautatud
... steamed

... täidistatud (täidetud)
... stuffed

kartulid:
potatoes:

praetud
fried

keedetud
boiled

püree
mashed

küpsetatud
baked

friikartulid
French fried

Meat and Meat Dishes

veiseliha
beef

vasikaliha
veal

lambaliha
mutton

talleliha
lamb

sealiha
pork

hautatud veiseliha
beef stew

keedetud veiseliha
boiled beef

veiselihapraad
roast beef

biifsteek:
beefsteak:

pooltoores
rare

keskmiselt praetud
medium

hästi läbi praetud
well-done

loomalihakarbonaad
beef cutlets

röstitud veiselihafilee
broiled steak

hautatud vasikaliha
veal stew

vasikapraad
roast veal

seapraad
roast pork

šnitsel
fillet of pork or veal

seakarbonaad
pork cutlets

lambakarbonaad
lamb cutlets

grillitud sealiha
grilled pork chops

keedusink
cooked ham

Poultry and Game

kana
chicken

part
duck

hani
goose

kalkun
turkey

metskurvits
woodcock

küülik
rabbit

jänes
hare

hirveliha
venison

kanapraad
roast chicken

kalkunipraad
roast turkey

praetud kanarind
chicken breast sautéed

Fish and Seafood

räim
Baltic herring

latikas
bream

luts
burbot

tursk
cod

karpkala
carp

jõevähk
crayfish

... angerjas
... eel

suitsutatud ...
smoked ...

marineeritud ...
pickled ...

      ... heeringas
      ... herring

soolatud ...
salted ...

suitsutatud ...
smoked ...

marineeritud ...
pickled ...

austrid
oysters

ahven
perch

haug
pike

lest
flounder

krevett
prawn, shrimp

lõhe
salmon

sardiin
sardine

vürtsikilud
salted sprats

tuurakala
sturgeon

forell
trout

tuunikala
tuna

Side Dishes

riis
rice

tatar
buckwheat

nuudlid
noodles

makaronid
macaroni

Fruit

õun
apple

aprikoos
apricot

banaan
banana

mustikas
blueberry

murakas
bramble

kirss
cherry

pohl
cowberry, red bilberry

jõhvikas
cranberry

... sõstar
... currant

must ...
black ...

valge ...
white ...

punane ...
red ...

dattel
date

viigimari
fig

karusmari
gooseberry

viinamari
grape

Food and Drink

greipfruut
grapefruit

sidrun
lemon

melon
melon

apelsin
orange

virsik
peach

pirn
pear

ananass
pineapple

ploom
plum

vaarikas
raspberry

rabarber
rhubarb

maasikas
strawberry

mandariin
tangerine

arbuus
watermelon

metsmaasikas
wild strawberry

mandel
almond

maapähkel
peanut

kreeka pähkel
walnut

kuivatatud ploom
prune

rosin
raisin

sõstar, korint
currant

Dessert

... jäätis
... ice cream

vanilje-...
vanilla ...

šokolaadi-...
chocolate ...

maasika-...
strawberry ...

... puding
... pudding

piima-...
milk ...

Food and Drink

leiva-...
bread ...

puuvilja-...
fruit ...

vahukoor ...
whipped cream with ...

> **... tarretisega**
> ... jelly

> **... puuviljaga**
> ... fresh fruit

> **... šokolaadiga**
> ... chocolate

valik kooke
assorted pastries

tort
cake

rullbiskviit
swiss roll

küpsised
cookies

martsipan
marzipan pastry

... pirukas
pie with ...

õuna-...
... apple

kohupiima-...
... cheese

šokolaaditahvel
chocolate bar

kompvek
candy

Drinks

kohv
coffee

tee
tea

piim
milk

sidrunijook
lemonade

limonaad
soft drink

mineraalvesi
mineral water

kali
kvas

...mahl
... juice

õuna-...
apple ...

apelsini-...
orange ...

Food and Drink

punasesõstra-...
red currant ...

viinamarja-...
grape ...

tomati-...
tomato ...

kirsi-...
cherry ...

ploomi-...
plum ...

Alcoholic Drinks

vein
wine

punane vein
red wine

valge vein
white wine

kuiv vein
dry wine

magus vein
sweet wine

šampanja
champagne

õlu
beer

hele õlu
lager

viin
vodka

viski ...
whiskey ...

> **... jääga**
> ... with ice

> **... soodaveega**
> ... with soda

puhas ...
straight ...

konjak
brandy

džinn toonikuga
gin and tonic

rumm
rum

Margarita
Margarita

verine Meeri
bloody Mary

Estonian Dishes

kama
Estonian cereals

mulgikapsad
pork and sauerkraut

verivorstid
stew with groats and black pudding

sült
meat jelly

seapraad ahjukartulite ja hapukapsaga
roast pork with oven-baked potatoes and steamed sauer-
kraut

rabarbarikook
rhubarb swiss-shortbread

korp
cottage cheese cake

jõhvikamahl
cranberry juice

pohlamoos
cowberry jam

Ordering

Mis kell saab teil ... süüa?
At what time is ... served?

> **... hommikust ...**
> ... breakfast ...

> **... lõunat ...**
> ... lunch ...

> **... õhtust ...**
> ... dinner ...

Me tahaksime istuda ... .
We want to sit ... .

> **... väljas**
> ... outside

... akna juures
... near the window

Me sooviksime tellida.
We would like to order.

Mida te soovitate?
What can you recommend?

Kuidas seda toitu nimetatakse?
What is this dish called?

Ma sooviksin proovida eesti toitu.
I'd like to try some Estonian food.

Kas ma võiksin lisa paluda?
Could I have some more?

Kas on võimalik tellida pool portsionit?
Do you have half-portions?

Ma ei söö ... .
I do not eat ... .

... liha
... meat

... sealiha
... pork

... kala
... fish

Ma ei tarvita alkoholi.
I do not drink alcohol.

Ma ei suitseta.
I do not smoke.

Food and Drink

Ma olen taimetoitlane.
I am a vegetarian.

Ma olen dieedil.
I am on a diet.

Kas me võiksime saada (ühe)... ?
Could we have a (an) ... ?

> **... tassi**
> ... cup

> **... klaasi**
> ... glass

> **... kahvli**
> ... fork

> **... noa**
> ... knife

> **... lusika**
> ... spoon

> **... taldriku**
> ... plate

> **... tuhatoosi**
> ... ash tray

> **... pudeliavaja**
> ... bottle opener

> **... salvrätiku**
> ... napkin

> **... sinepit**
> ... mustard

> **... soola**
> ... salt

... tikku
... matches

... sigarette
... cigarettes

The Bill

Ma sooviksin arvet.
May I have the bill, please?

Tagasi pole vaja.
Keep the change.

Palun tooge meile eraldi arved.
Please give us separate bills.

Toasts

Teie terviseks!
To your health!

Ma soovin teile ... !
I wish you ... !

... õnne
... happiness

... tervist
... health

... edu
... success

Soovin õnne! Õnnitlen!
Congratulations!

12. Shopping

Finding the Right Store

Kust ma võin osta ...?
Where can I buy ... ?

Kust ma võin leida ...?
Where can I find ... ?

Kus on lähim ... ?
Is there a ... near here?

> **... antiigikauplus**
> ... antique shop ...

> **... pagariäri**
> ... bakery...

> **... raamatukauplus**
> ... bookstore ...

> **... moeäri**
> ... boutique ...

> **... fototarvete kauplus**
> ... camera shop ...

> **... kondiitriäri**
> ... candy shop ...

> **... valmisriiete pood**
> ... clothes store ...

> **... piimapood**
> ... dairy ...

> **... kaubamaja**
> ... department store ...

... apteek
... drugstore ...

... elektritarvete pood
... electrical appliances shop ...

... turg
... farmer's market ...

... täika
... flea market ...

... lillekauplus
... florist's ...

... kalaturg
... fish market ...

... suveniiripood
... gift shop, souvenirs ...

... aedviljakauplus
... greengrocery ...

... söögipood
... grocery ...

... kübaraäri
... hat shop ...

... rauapood
... hardware store ...

... juveeliäri
... jeweler ...

... viinapood
... liquor store ...

... alalehekiosk
... newsstand ...

... optikapood
... optician's ...

... komisjonikauplus
... secondhand store...

... kingapood
... shoe store ...

... spordiäri
... sport shop ...

... kirjatarvete kauplus
... stationery shop...

... suitsupood
... tobacconist ...

... mänguasjade kauplus
... toy store ...

Looking Around

Kas te saaksite mind aidata?
Can you help me ... ?

Kus asub ... osakond?
Where's the ... department?

Kas ma saan teid aidata?
Can I help you?

Ma ainult vaatan ringi.
I'm just looking around.

Kas teil on ...?
Do you have ... ?

Millist ... te soovite?
What kind of ... would you like?

Ma sooviksin ... .
I'd like ... .

Midagi veel?
Anything else?

Palun näidake mulle seda!
Show me (this / that), please!

Ei, mitte see, vaid teine, selle kõrval.
No, not that, but that there, next to it.

See ei ole see, mida ma tahtsin.
It's not what I want.

See ei meeldi mulle.
I don't like it.

Kas ma võin seda selga proovida?
Can I try it on?

Kas teil on sedasama, aga teist värvi?
Do you have the same in another color?

Ma sooviksin midagi odavamat.
I prefer something less expensive.

Kui palju see maksab?
How much is it?

Making a Purchase

Kas te olete otsustanud?
Have you decided?

Jah, ma võtan selle.
Yes, I'll take it.

Makske kassasse.
Pay at the cashier.

Kas te ...?
Do you accept ...?

> **... võtate vastu dollareid**
> ... dollars

> **... aktsepteerite krediitkaarti**
> ... credit cards

> **... võtate vastu reisitšekke**
> ... traveler's checks

Palun pakkige see mulle sisse.
Wrap it up for me, please.

Kas te võiksite selle ümber vahetada?
Can you exchange this, please?

See on liiga ... .
It is too ... .

> **... kitsas**
> ... tight

> **... avar**
> ... loose

... pikk
... long

... lühike
... short

See sobib väga hästi.
It fits very well.

Gifts and Souvenirs

Rahvusmustriga nahkesemed:
Items made of leather with national ornaments:

rahakotid
wallets

võtmehoidjad
keyholders

prillikarbid
cases for eyeglasses

albumid
albums

karbid
boxes

järjehoidjad
bookmarks

vööd, püksirihmad
belts

Merevaigust ehted:
Items made of amber:

kaelakeed
necklaces

kõrvarõngad
earrings

ripatsid
pendants

Puust esemed:
Items made of wood:

õllekruusid
beer mugs

mänguasjad
toys

karbid
boxes

küünlajalad
candlesticks

rahvariides nukud
dolls in national costumes

Rahvusmustriga käsitsi kootud villased esemed:
Handmade wool articles with national ornaments:

kampsunid
cardigans

mütsid
hats

kindad
gloves

džemprid
pullovers

sokid
socks

Keraamikatooted:
Items made of ceramics:

nõud
dishes

vaasid
vases

küünlajalad
candleholders

Klaasist esemed:
Items made of glass:

laternad ja lambid "Vana Tooma" kujutisega
lanterns and lamps with portrait of "Old Thomas"

Kangastel kootud linased ja villased tekstiilitooted:
Items made of homemade textiles (linen and wool):

väikesed laudlinad
small tablecloths

kardinad
curtains

vaibad
rugs

rahvariidepluusid
national blouses

rahvariideseelikud
national skirts

rahvariidepõlled
national aprons

tikandid
embroideries

diapositiivid, slaidid
slides

postkaardid
postcards

plakatid
posters

Jewelry

ehted
jewelry

käevõru
bracelet

pross, sõlg
brooch

kett
chain

mansetinööbid
cufflinks

kõrvarõngad
earrings

kaelakee
necklace

ripats
pendant

sõrmus
ring

lipsunõel
tie pin

... kell
... watch:

veekindel ...
a water-resistant ...

kullatud ...
gold-plated ...

äratuskell
an alarm clock

Kas see on ehtne hõbe / kuld?
Is it real silver / gold?

Mitu karaati see on?
How many karats is this?

Mis metall / kivi see on?
What kind of metal / stone is it?

kalliskivi
gem, precious stone

merevaik
amber

ametüst
amethyst

korall
coral

kristall
crystal

teemant
diamond

smaragd
emerald

granaat
garnet

klaas
glass

nefriit
jade

oonüks
onyx

pärl
pearl

rubiin
ruby

safiir
sapphire

topaas
topaz

türkiis
turquoise

tsirkoonium
zirconium

vask
copper

eebenipuu
ebony

kuld
gold

elevandiluu
ivory

tina
pewter

plaatina
platinum

hõbe
silver

hõbedaga kaetud
silver-plated

kullatud
gilded

Books and Stationery Supplies

raamatukauplus
bookstore

ajalehekiosk
newsstand

kantseleikaupade osakond
stationery department

Kas teil on ingliskeelseid Eesti kaarte ja turismijuhte?
Do you have any guidebooks and maps of Estonia in English?

Kas teil on ... ?
Do you have any ... ?

... pildiraamatuid Eesti kohta
... picture books of Estonia

... kunstiraamatuid
... art books

... lasteraamatuid
... children's books

... kokaraamatuid
... cookbooks

... ilukirjandust
... fiction

... luuleraamatuid
... poetry

... Eesti vaadetega postkaarte
... postcards of Estonia

Kus asuvad sõnaraamatud?
Where are the dictionaries?

Ma soovin osta ... .
I would like to buy ... .

> **... kalendri**
> ... a calender

> **... maakaardi**
> ... a map

> **... märkmiku**
> ... a notebook

> **... joonlaua**
> ... a ruler

> **... ühe lehe kirjapaberit**
> ... a sheet of notepaper

> **... pastaka**
> ... a pen

> **... pliiatsi**
> ... a pencil

> **... rulli kleeplinti**
> ... a roll of Scotch tape

> **... kirjaklambreid**
> ... paper clips

> **... korrektuurilinti**
> ... some correction tape

> **... augustaja**
> ... a hole punch

... klammerdaja
... a stapler

... taskuarvuti
... a calculator

Sporting Goods

spordikott
sports bag

dress
sweatsuit

dressipluus
sweatshirt

dressipüksid
sweatpants

jooksukingad, tossud
running shoes

tennised
tennis shoes

jalgpallisaapad
soccer cleats

sukeldumisvarustus
diving gear

kalapüügivarustus
fishing gear

jahivarustus
hunting gear

suusad
skis

uisud
skates

lainelaud
surfboard

Toys

mänguasjad
toys

mängud
games

poisile
for a boy

tütarlapsele
for a girl

pall
ball

mänguklotsid
blocks

kabe
checkers

male
chess

nukk
doll

karu
teddy bear

topisloomad
stuffed animal

elektronmängud
electronic games

Records

heliplaat
record

helikassett
cassette

laserplaat
compact disk

videokassett
videocassette

Kas teil on Ivo Linna plaati?
Do you have any recordings by Ivo Linna?

Kas teil on ...?
Do you have any ... ?

>>> **... Eesti rahvalaule**
>>> ... Estonian folk songs

>>> **... ... uut singlit**
>>> ... new singles by ...

>>> **... klassikalist muusikat**
>>> ... classical music

... popmuusikat
... popular music

... rockmuusikat
... rock

... kantrimuusikat
... country

... kammermuusikat
... chamber music

... sümfoonilist muusikat
... symphonies

... oopereid
... operas

... draamalavastuste salvestusi
... recordings of plays

Kas ma võiksin seda plaati kuulata?
Can I listen to this record?

Dry Goods Store

pannal
buckle

nööp
button

pael
cord

heegelnõel
crochet hook

haak
hook

kudumisvarras
knitting needle

pits
lace

nõel
needle

nööpnõel
pin

trukknööp
snap fastener

pael
ribbon

haaknõel
safety pin

riba
strip

tripp, lapats
tab

niit
thread

lõng
yarn

tõmblukk, tõmbelukk
zipper

Clothes

ujumismüts
bathing cap

supelkostüüm
bathing suit

hommikumantel
bathrobe

bikiinid
bikini

pluus
blouse

rinnahoidja
bra˙

kampsun
cardigan

lasterõivad
children's clothier

mantel
coat

kleit
dress

kasukas
fur coat

karvamüts
fur hat

kindad
gloves

taskurätt
handkerchief

kübar, müts
hat

jakk
jacket

džiinid
jeans

öösärk
nightgown

aluspüksid
panties

püksid
pants

džemper
pullover

pidžaama
pyjamas

vihmamantel
raincoat

sall
scarf

triiksärk
shirt

lühikesed spordi-, aluspüksid
shorts

seelik
skirt

sokid
socks

sukad
stockings

ülikond
suit

sviiter
sweater

spordidress
sweatsuit

ujumispüksid
swimming trunks

lips
tie

sukkpüksid
tights

T-särk
T-shirt

aluspesu
underwear

Fit

Ma ei tea oma suurusnumbrit.
I don't know my size.

Minu suurus on ... .
I take a size ... .

Kas siin on peegel?
Is there a mirror?

Kas ma võin seda selga proovida?
Can I try it on?

Kus proovikabiin on?
Where is the fitting room?

Kas see sobib?
Does it fit?

See sobib hästi.
It fits well.

See ei sobi mulle.
It doesn't suit me.

See on liiga ... .
It's too ... .

>> **... suur / väike**
>> ... big / small

>> **... pikk / lühike**
>> ... long / short

>> **... avar / kitsas**
>> ... loose / tight

Fabrics

present, telgiriie
canvas

šifoon
chiffon

koortriie
corduroy

puuvillane riie
cotton

krepp
crepe

riie, kangas
fabric

vilt
felt

flanell
flannel

karusnahk
fur

pits
lace

nahk
leather

linane riie
linen

nailon
nylon

popeliin
poplin

atlass
satin

siid
silk

seemisnahk
suede

sünteetiline riie
synthetic

frotee
terrycloth

samet
velvet

villane riie
wool

Shoes

kingad
shoes

saapad
boots

viltsaapad
felt boots

mokassiinid
moccasins

kummikud
rubber boots

sandaalid
sandals

toakingad, tuhvlid
slippers

lastekingad
children's shoes

kingapaelad
shoelaces

nahktald
leather sole

kummitald
rubber sole

madalad kingad
flat shoes

kõrged kontsad
high-heeled shoes

Kas ma saaksin proovida suurust ... ?
Can I try these on in a size ...?

Need on liiga ... .
There are too ... .

> **... suured / väikesed**
> ... big / small

> **... kitsad / laiad**
> ... narrow / wide

Kas need on tehtud ... ?
Are these made ...?

> **... nahast**
> ... of leather

> **... seemisnahast**
> ... of suede

> **... kummist**
> ... of rubber

> **... käsitsi**
> ... by hand

Electrical and Electronic Appliances

adapter
adapter

patarei
battery

kassetipleier
cassette player

autoraadio
car radio

kellraadio
clock radio

CD-mängija (laserplaadimängija)
CD player

elektronmäng
electronic game

föön
hairdryer

triikraud
iron

elektrikann
kettle

mikrolaineahi
microwave

sülearvuti
laptop computer

personaalarvuti
personal computer

taskuarvuti
pocket calculator

raadio
radio

külmkapp
refrigerator

pliit
stove

televiisor
television

videomagnetofon
VCR

pesumasin
washing machine

Camera and Photographs

fotograafia
photography

fotoaparaat
camera

fototarbed
photo accessories

film
film

mustvalge film
black-and-white film

värvifilm
color film

kolmkümmend kuus kaadrit
thirty-six exposures

pilt
picture

Kas te saate minust foto teha?
Can you take my picture?

Ma soovin üht filmi.
I want a roll of film.

Kui palju see maksab?
How much is it?

Kui kallis filmi ilmutamine on?
How much is it to process film?

Kui palju suurendamine maksab?
How much is an enlargement?

Ma tahaksin lasta seda suurendada.
I'd like this enlarged.

Ma tahaksin sellest fotost veel üht koopiat.
I'd like another copy of this print.

Millal need valmis saavad?
When will they be ready?

Cosmetics and Beauty Aids

meeste lõhnavesi
aftershave lotion

kamm
comb

kivipuuder
compact powder

kreem kuivale / rasvasele nahale
cream for dry / oily skin

deodorant
deodorant

desinfitseerimisvahend
disinfectant

odekolonn
eau de cologne

silmapliiats
eyeliner

lauvärv
eye shadow

juuksehari
hairbrush

juuksevärv
hair dye

juukselakk
hairspray

kätekreem
hand lotion

huulepulk
lipstick

kosmeetika
makeup (cosmetics)

ripsmetušš
mascara

küünetangid
nail clipper

küüneviil
nail file

küünelakk
nail polish

küünelaki eemaldaja
nail polish remover

lõhnaõli
perfume

puuder
powder

žiletiaparaat
razor

žiletiterad
razor blades

ruuž
rouge

šampoon
shampoo

habemeajamiskreem
shaving cream

seep
soap

käsn
sponge

päevitusõli
suntan lotion

pulverisaator, pihustaja
sprayer, atomizer

tualettvesi
toilet water

hambahari
toothbrush

hambapasta
toothpaste

pinsetid
tweezers

13. Services

At the Beauty Salon

Ma tahaksin esmaspäevaks aja kinni panna.
I want to make an appointment for Monday.

Tahaksin lasta juukseid lõigata.
I would like a haircut.

Palun lõigake need ... .
Please cut it ... .

> **... hästi lühikeseks**
> ... shorter

> **... mitte väga lühikeseks**
> ... not too short

Palun lõigake külgedelt lühemaks.
Please make the sides shorter.

Palun natuke rohkem.
Just a little more, please.

Ma tahaksin lasta ka habet ajada.
I would like a shave too.

Ma sooviksin lasta juukseid pesta.
I would like my hair washed.

Mul on rasvased / kuivad juuksed.
I have greasy / dry hair.

Palun föönitage mu juukseid.
Blow-dry my hair, please.

Palun juuksepesu ja soengut.
Shampoo and set, please.

Piirake mu ... .
Trim my ... .

>>> **... habet**
>>> ... beard

>>> **... vuntse**
>>> ... mustache

>>> **... põskhabet**
>>> ... sideburns

Ma tahaksin ... .
I would like ... .

>>> **... püsilokke**
>>> ... permanent

>>> **... juukseid toonitada**
>>> ... tint my hair

>>> **... näomassaaži**
>>> ... a facial

>>> **... maniküüri**
>>> ... a manicure

>>> **... pediküüri**
>>> ... a pedicure

habemeajaja, meestejuuksur
barber

juuksur
hairdresser

Dry Cleaning and Laundry

Mul oleks vaja lasta need esemed ... .
I need these things ... .

> **... puhastada**
> ... dry cleaned

> **... pesta**
> ... washed

> **... triikida**
> ... ironed

Palun mitte tärgeldada.
No starch, please.

Kas te saaksite selle pleki eemaldada?
Can you get this stain out?

Kas te saaksite selle parandada / kinni õmmelda?
Can you mend / sew this?

Palun õmmelge see nööp ette.
Please sew on this button.

Mis ajaks see valmis saab?
When will it be ready?

Kas mu pesu on pestud?
Is my laundry ready?

Kui palju ma teile võlgnen?
How much do I owe you?

See pole minu oma.
This isn't mine.

Mul on midagi puudu.
I'm missing something.

See on katki rebitud.
This is torn.

Kas ma saaksin laenata ... ?
Can I borrow ... ?

> **... nõela ja niiti**
> ... a needle and thread

> **... kääre**
> ... scissors

Optician

Kus ma leiaksin optikaäri?
Where can I find an optician?

Mul on vaja prille.
I need glasses.

Mu prillid läksid katki.
I have broken my glasses.

Prilliraamid on katki.
The frame is broken.

Prilliklaasid on katki.
The lenses are broken.

Kas te saate neid parandada?
Can you fix them?

Kui palju see aega võtab?
How long will it take?

Siin on mu retsept.
Here's my prescription.

Ma olen kaotanud kontaktläätse.
I've lost a contact lens.

Kas te saate seda asendada?
Can you replace it?

Kas teil on müügil kontaktläätsede hooldusvedelikku?
Do you sell contact lens solution?

Shoe Repair

kingaparandus
shoe repair

Palun tehke mu kingad puhtaks.
Please shine my shoes.

Kas neid kingi saab paranadada?
Can these shoes be repaired?

Mul on vaja uusi taldu ja kontsasid.
I need new soles and heels.

Konts / rihm läks katki.
The heel / strap broke.

Kas seda saab kinni õmmelda?
Can this be sewn up?

Kui palju see maksab?
How much will it cost?

Millal need valmis saavad?
When will they be ready?

14. Banking, Money & Numbers

Currencies

The official currency in Estonia is the kroon, divided into 100 cents.

valuutavahetus
currency exchange

Kus ma saan raha vahetada?
Where can I change some money?

Kus asub lähim pank?
Where is the nearest bank?

Kas te saate neid reisitšekke sularahaks vahetada?
Can you cash these traveler's checks?

Milline on dollari vahetuskurss?
What's the exchange rate of the US dollar?

Kas te saate mulle anda väiksemaid kupüüre?
Can you give me smaller bills?

Ma tahaksin avada pangaarve ja panna sinna natuke raha.
I'd like to open a savings account and deposit some money in my account.

Kui palju te komisjonitasu võtate?
How much is your service charge?

Cardinal Numbers

0	null
1	üks
2	kaks
3	kolm
4	neli
5	viis
6	kuus
7	seitse
8	kaheksa
9	üheksa
10	kümme
11	üksteist
12	kaksteist
13	kolmteist
14	neliteist
15	viisteist
16	kuusteist
17	seitseteist
18	kaheksateist
19	üheksateist
20	kakskümmend
30	kolmkümmend
40	nelikümmend
50	viiskümmend
60	kuuskümmend
70	seitsekümmend
80	kaheksakümmend
90	üheksakümmend
100	sada
1000	tuhat
1,000,000	miljon

Ordinal Numbers

esimene
first

teine
second

kolmas
third

neljas
fourth

viies
fifth

kuues
sixth

seitsmes
seventh

kaheksas
eighth

üheksas
ninth

kümnes
tenth

üheteistkümnes
eleventh

kaheteistkümnes
twelfth

kolmeteistkümnes
thirteenth

neljateistkümnes
fourteenth

viieteistkümnes
fifteenth

kuueteistkümnes
sixteenth

seitsmeteistkümnes
seventeenth

kaheksateistkümnes
eighteenth

üheksateistkümnes
nineteenth

kahekümnes
twentieth

Quantity

hulk
quantity

veerand
a quarter

pool
a half

kolm korda
three times

paar
a couple

tosin
a dozen

palju
a lot / much

vähe / mõni
a little / few

rohkem
more

vähem
less

küllalt
enough

liiga palju
too much

15. Health

Illness and Injury

Ma olen haige.
I am sick.

Ma ei tunne ennast hästi.
I am not feeling well.

Mul käib pea ringi.
I am dizzy.

Mind ajab iiveldama.
I am nauseous.

Ma tunnen, et mul on palavik.
I feel feverish.

Ma oksendasin.
I have vomited.

Mul on toidumürgitus.
I have food poisoning.

Mul on kõht lahti.
I have diarrhea.

Mul on kõht kinni.
I'm constipated.

Mul on valus neelata.
It hurts to swallow.

Mul on raske hingata.
I'm having trouble breathing.

Mul on rinnus valu.
I have chest pain.

Mul on seedehäire.
I have indigestion.

Mu nina jookseb verd.
I have a bloody nose.

Mul on päikesepiste.
I have sunstroke.

Mul on päikesepõletus.
I'm sunburned.

Mul on kramp / krambid.
I have a cramp / cramps.

Mul on põiepõletik.
I have a bladder infection.

Mu käeluu on katki.
I have a broken arm.

Ma väänasin oma põlve välja.
I have a sprained knee.

Mul on õla nihestus.
I have a dislocated shoulder.

Mind nõelas ... .
I've been stung by a ... .

> **... herilane**
> ... wasp

> **... mesilane**
> ... bee

Ma olen rase.
I am pregnant.

Mul on ... .
I have a / an ... .

... palavik
... fever

... peavalu
... headache

... külmetus
... cold

... köha
... cough

... kõrvavalu
... earache

... liigesepõletik
... arthritis

... astma
... asthma

... diabeet, suhkruhaigus
... diabetes

... kõrge vererõhk
... high blood pressure

... madal vererõhk
... low blood pressure

... haavand
... ulcer

Parts of the Body

pahkluu
ankle

pimesool
appendix

käsivars
arm

selg
back

põis
bladder

veri
blood

keha
body

luu
bone

rinnad
breasts

sääremari
calf

põsk
cheek

rinnakorv
chest

kõrv
ear

küünarnukk
elbow

silm
eye

nägu
face

sõrm
finger

jalg
foot

sapipõis
gall bladder

genitaalid
genitalia

näärmed
glands

käsi
hand

pea
head

süda
heart

kand
heel

---

puus
hip

sooled
intestines

lõualuu
jaw (bone)

liiges
joint

neer
kidney

põlv
knee

säär
leg

huul
lip

maks
liver

kopsud
lungs

suu
mouth

lihas
muscle

kael
neck

närv
nerve

nina
nose

roie, ribi
rib

õlg
shoulder

nahk
skin

selgroog
spine

magu
stomach

hambad
teeth

kõõlus
tendon

reis
thigh

kurk
throat

pöial
thumb

varvas
toe

keel
tongue

mandlid
tonsils

veen
vein

ranne
wrist

Seeing the Doctor

Palun kutsuge arst!
Please call the doctor!

Ma vajan arsti.
I want to see a doctor.

Ma soovin arsti vastuvõtule ... .
I'd like an appointment ... .

> **... homme**
> ... for tomorrow

> **... nii kiiresti kui võimalik**
> ... as soon as possible

Kas te saaksite soovitada head arsti?
Can you recommend a good doctor?

Kas arst võtab vastu?
Is the doctor in?

Mille üle te kaebate?
What is the problem?

Mis juhtus?
What is the matter?

Kus te valu tunnete?
Where does it hurt?

Mul valutab siin.
It hurts here.

Kas valu on ... ?
Is the pain ... ?

> **... terav**
> ... sharp

> **... tuim**
> ... dull

> **... pidev**
> ... constant

Kui kaua te olete end niimoodi tundnud?
How long have you felt this way?

Ma mõõdan teie ... .
I'll take your ... .

> **... temperatuuri**
> ... temperature

> **... pulssi**
> ... pulse

Ma mõõdan teie vererõhku.
I'll measure your blood pressure.

Tõstke käis üles.
Roll up your sleeve.

Võtke ülakeha paljaks.
Undress to the waist.

Hingake sügavalt.
Breathe deeply.

Avage suu.
Open your mouth.

Köhige, palun.
Cough, please.

Te peate minema röntgenisse.
You must have an X-ray taken.

Te peate andma vereproovi.
You need to have a blood test.

uriiniproov
urine sample

Kas see on ohtlik?
Is it dangerous?

Kas ma vajan operatsiooni?
Do I need surgery?

See ei ole nakkav.
It's not contagious.

Mul on ravikindlustuspoliis.
I have health insurance.

Mis te arvate, millal ma terveks saan?
When do you think I'll be better?

Kas ma reedel saan ära sõita?
Can I travel on Friday?

Ma kirjutan teile mõned ravimid.
I'll prescribe some medicine for you.

Ma teen teile süsti.
I'll give you an injection.

Teie jalg tuleb kipsi panna.
Your leg needs a cast.

Jalaluu on katki.
The leg is broken.

Jalg on välja väänatud.
The leg is sprained.

Ma annan teile ... .
I'll give you ... .

> **... antiseptikumi**
> ... antiseptic

> **... valuvaigistit**
> ... a painkiller

Ma olen antibiootikumide suhtes allergiline.
I'm allergic to antibiotics.

Ma tahan, et te tuleksite kahe päeva pärast tagasi.
I'd like you to come back in two days.

Te peate minema haiglasse uuringutele.
You need to go to the hospital for a general check-up.

Kui kauaks ma haiglasse pean jääma?
How long must I stay in the hospital?

Seeing the Dentist

Mul on vaja hambaarsti.
I need a dentist.

Kas te võite mulle head hambaarsti soovitada?
Can you recommend a good dentist?

Ma tahan aja kinni panna.
I want to make an appointment.

Kas ma pean kaua ootama?
Will I have to wait long?

Mul on ... .
I have ... .

> **... mädanik**
> ... an abscess

> **... hammas murdunud**
> ... a broken tooth

> **... hambaprotees katki läinud**
> ... a broken denture

> **... plomm välja tulnud**
> ... lost a filling

> **... hambavalu**
> ... a toothache

> **... hambaauk**
> ... a cavity

> **... haiged ja veritsevad igemed**
> ... sore and bleeding gums

See hammas tuleb varsti välja tõmmata.
This tooth must be extracted soon.

Ärge tõmmake seda välja.
Don't pull it out.

Kas te saate seda ajutiselt parandada?
Can you fix it temporarily?

Millal mu protees valmis saab?
When will my denture be ready?

Kui palju ma teile võlgnen, doktor?
How much do you charge, doctor?

At the Hospital

Millal mu operatsioon toimub?
When will I have my operation?

Kas mu naine võib enne operatsiooni siin olla?
Can my wife be here with me before the operation?

Kuidas operatsioon õnnestus?
How did the operation go?

Ma ei saa ... .
I can't ... .

> **... magada**
> ... sleep

> **... süüa**
> ... eat

Millal arst tuleb?
When will the doctor come?

Millal on külastamisaeg?
When are visiting hours?

Millal ma võin voodist tõusta?
When can I get out of bed?

Kas te saate anda mulle unerohtu?
Could you give me some sleeping pills?

Millal mu haavast niidid välja võetakse?
When will they remove the stitches from my wound?

Kui tihti te mu sidet vahetate?
How often will you change my bandage?

Millal mind haiglast välja kirjutatakse?
When can I be dismissed from the hospital?

Pharmacy

Kas te saate selle retsepti järgi rohtu teha?
Can you fill this prescription?

Kui palju see aega võtab?
How long will it take?

Kas ma saan seda rohtu ilma retseptita?
Can I get this medicine without a prescription?

Millal ja kuidas ma pean seda rohtu tarvitama?
When and how should I take the medicine?

Võtke … .
Take … .

… kaks tabletti
… 2 pills

… kolm teelusikatäit
… 3 teaspoons

… üks supilusikatäis
… 1 tablespoon

… iga kaks / kuus tunni järel
… every 2 / 6 hours

… kaks korda päevas
… twice a day

… enne sööki
… before meals

… pärast sööki
… after meals

… vajaduse järgi
… as needed

… valude puhul
… if there is any pain

… viis / kümme päeva
… for 5 / 10 days

… üks tablett klaasi veega
… one pill with a glass of water

Kas te annaksite mulle ... ?
Would you give me ... ?

> **... antiallergeeni**
> ... allergy medicine

> **... antiseptikumi**
> ... antiseptic

> **... aspiriini**
> ... an aspirin

> **... kõhulahtistit**
> ... a laxative

> **... tablette külmetuse vastu**
> ... cold medicine

> **... tablette merehaiguse vastu**
> ... pills for travel sickness

> **... unerohtu**
> ... some sleeping pills

> **... ninatilku**
> ... some nose drops

> **... silmatilku**
> ... some eye drops

> **... rahustit**
> ... some tranquillizers

> **... vatti**
> ... some cotton

> **... sidet**
> ... a bandage

... plaastrit
... a band-aid

... joodi
... some iodine

... marlit
... some gauze

... köharohtu
... some cough medicine

... piiritust välispidiseks tarvitamiseks
... some rubbing alcohol

... elastiksidet
... an ace bandage

... preservatiive
... condoms

... kraadiklaasi
... a thermometer

... vitamiine
... vitamins

Health Words

aids
AIDS

kiirabiauto
ambulance

anesteetikum, tuimestusvahend
anesthetic

antibiootikum
antibiotic

haavaside
bandage

siiber
bedpan

veri
blood

veregrupp
blood group

vererõhk
blood pressure

luu, kont
bone

vähktõbi
cancer

haigla, kliinik
clinic

hambaarst
dentist

arst
doctor

palavik
fever

gripp
flu

luumurd
fracture

haigla
hospital

süst
injection

ravim
medicine

nõel, süstal
needle

meditsiiniõde, õde
nurse

operatsioon
operation

hapnik
oxygen

pediaater, lastearst
pediatrician

valuvaigisti
painkiller

patsient
patient

tabletid
pills

kirurg
surgeon

kraadiklaas
thermometer

vereülekanne
transfusion

röntgen
X-ray

16. Accidents and Emergencies

Ma vajan abi.
I need help.

On juhtunud õnnetus.
There's been an accident.

Kutsuge ... !
Call ... !

> **... kiirabi**
> ... an ambulance

> **... liikluspolitsei**
> ... the traffic police

> **... politsei**
> ... the police

Palun helistage ... saatkonda / konsulaati.

Please call the ... embassy / consulate.

> **... USA ...**
> ... U.S. ...

> **... Briti ...**
> ... British ...

> **... Venemaa ...**
> ... Russian ...

> **... Kanada ...**
> ... Canadian ...

Palun teatage ... .
Please notify ... .

> **... minu abikaasale**
> ... my husband / wife

> **... mu perekonnale**
> ... my family

> **... mu hotelli**
> ... my hotel

Mu naine sai kokkupõrkes vigastada.
My wife was hurt in the collision.

Mul on verejooks.
I am bleeding.

Ma ei saa liigutada.
I cannot move.

Ta löödi pikali.
She was knocked down.

Ta minestas.
She has fainted.

Ta on raskesti haavatud.
She is seriously injured.

Tal on põlve nihestus.
His knee is dislocated.

Tal on luumurd.
He has a bone fracture.

Tal on käsi välja väänatud.
His arm is sprained.

Kas teil sidet on?
Do you have any bandages?

Ma olen kaotanud oma ... .
I've lost my ... .

> **... passi**
> ... passport

> **... rahatasku**
> ... wallet

> **... rahakoti**
> ... purse

> **... võtmed**
> ... keys

> **... raha**
> ... money

Mult on varastatud ... .
I've had my ... stolen.

Mu auto on varastatud.
My car has been stolen.

17. Education

Missugune haridussüsteem Eestis on?
What is the system of education in Estonia?

Siin on ... .
There is / are ... .

> **... kohustuslik 9-aastane põhikool**
> ... compulsory nine-year basic school

> **... keskkool**
> ... secondary school

> **... kõrgemad õppeasutused**
> ... institutions of higher education

Pärast põhikooli võib edasi õppida ... .
After basic schools there are also ... .

> **... tehnikakoolides**
> ... specialized technical schools

> **... kutsekoolides**
> ... vocational schools

> **... kommertskoolides**
> ... business schools

> **... pedagoogilistes koolides**
> ... pedagogical schools

> **... meditsiinikoolides**
> ... medical schools

> **... kunstikoolides**
> ... art schools

Mida te õpite?
What do you study?

Ma olen ... kursuse üliõpilane.
I am a ... .

>> **... esimese ...**
>> ... freshman

>> **... teise ...**
>> ... sophomore

>> **... kolmanda ...**
>> ... junior

>> **... viimase ...**
>> ... senior

Mul on ... .
I have a... .

>> **... magistrikraad**
>> ... master's degree

>> **... doktorikraad**
>> ... doctor's degree

abiturient
senior ready to graduate

direktor
principal

õppetund
lesson

hinded
grades

õpilased
students

õpetaja
teacher

tunnistus
report card

üliõpilane
student

semester
semester

ühiselamu
dormitory

kampus
campus

dekanaat
dean's office

professor
professor

dotsent
associate professor

rektor
rector

stipendium
scholarship

kateeder
subdepartment

Education

õppetool
chair

õppemaks
tuition

akadeemik
academician

dekaan
dean

teaduskond
faculty, department

fakultatiivne
facultative

18. Sports

Mis on Eestis kõige populaarsemad spordialad?
What are the most popular sports in Estonia?

Kõige populaarsemad spordialad meie maal on:
The most popular sports in my country are:

korvpall
basketball

murdmaasuusatamine
cross-country skiing

kergejõustik
track and field

purjesport
yachting

autosport
auto racing

jalgrattasport
cycling

jalgpall
soccer

võrkpall
volleyball

ujumine
swimming

Mis on teie lemmikspordiala?
What is your favorite sport?

Minu lemmikspordiala on ... .
My favorite sport is ... .

... riistvõimlemine
... apparatus gymnastics

... poks
... boxing

... kriket
... cricket

... vettehüpped
... diving

... ratsasport
... equestrian sports

... vehklemine
... fencing

... golf
... golf

... võimlemine
... gymnastics

... jäähoki
... ice hockey

... džuudo
... judo

... ragbi
... rugby

... jooks
... running

... laskesport
... shooting

... uisutamine
... skating

... lainelauasõit
... surfing

... tennis
... tennis

... veepall
... water polo

... tõstesport
... weightlifting

... purjelauasõit
... windsurfing

... maadlus
... wrestling

Ma teen igal hommikul sörkjooksu.
I go jogging every morning.

Kas ma saan siit laenutada suuski ja suusasaapaid?
Can I rent skis and ski boots here?

Ma tahaksin mängida ... .
I would like to play ... .

> **... sulgpalli**
> ... badminton

> **... malet**
> ... chess

> **... piljardit**
> ... pool

> **... lauatennist**
> ... table tennis

Kas teid huvitab sport?
Are you interested in sports?

Ma olen spordifanaatik.
I am a sports fan.

Ma tahan vaadata jalgpallivõistlust.
I want to see a soccer game.

Kes mängib?
Who is playing?

Kes võitis?
Who won?

Kes kohtunik on?
Who is the referee?

matt
checkmate

võistlus
competition

harjutus
exercise

kohtunik
referee

saavutatud punktid
score

punktitabel
scoreboard

viik
scoreless

staadion
stadium

ujumisbassein
swimming pool

meeskond
team

19. The Office

Ma tahan kokkusaamisaja määrata.
I would like to make an appointment.

Mul on määratud juhatajaga kokkusaamine.
I have an appointment with the boss.

Siin on mu visiitkaart.
Here is my card.

Ma tegutsen arvutite alal.
I work in the computer business.

Kas teil on peale põhipalga muid soodustusi?
Are there, besides regular salary, any benefits at your company?

Kui pikk teil töönädal on?
How long is your work week?

Kui pikk tööpäev on?
What are the daily working hours?

leping
agreement

ärikontaktid
business contacts

ärikohtumine
business meeting

äriläbirääkimised
business negotiations

arvuti
computer

töölaud
desk

faks
fax

fail
file

kaust, folder
folder

ühisettevõte
joint venture

turustamine, marketing
marketing

kokkusaamine, kohtumine
meeting

ametlik ettepanek
official proposal

dokumendid
papers

fotokoopia
photocopy

trükkal, printer
printer

aruanne
report

firma esindaja
representative of the company

telefon
telephone

mobiiltelefon
mobile phone (cellular)

20. The Farm

Millised on Eesti kõige tugevamad majandusharud?
What are the strongest sectors of the economy in Estonia?

Üks tugevamatest majandusharudest Eestis on põllumajandus.
Agriculture is one of the strongest sectors of the economy in Estonia.

Millised põllukultuurid on teil tähtsamad?
What kind of crops are important?

Need on:
They are:

teraviljad:
grains:

nisu
wheat

rukis
rye

oder
barley

kaer
oats

kartulid
potato(es)

loomasööt:
fodder:

hübriidkaalikas
hybrid-swede

suhkrupeet
sugar beet

mais
corn

Missuguseid väetisi te kasutate?
What kind of fertilizers do you use?

Kui suur teie kari on?
How big is your herd?

Kui palju teil maad on?
How much land do you have?

Kas teil on suur talu?
Is your farm big?

põllumajandus
agriculture

põllumajandusnäitus
agricultural exhibition

põllumajandustehnika:
agricultural machinery:

traktor
tractor

kombain
combine

veoauto
truck

mesindus
beekeeping

mesi
honey

vaha
wax

karjalaut
barn

kariloomad:
cattle:

vasikad
calves

lehmad
cows

pullid
bulls

lambad
sheep

hobused
horses

tehnilised kultuurid
crops

muld
earth

talu, farm
farm

talunik, farmer
farmer

The Farm

väetis
fertilizer

põld
field

puuvili
fruit

aed
garden

saak
harvest

hektar
hectare

veski
mill

viljapuuaed:
orchard:

õunapuu
apple tree

pirnipuu
pear tree

kirsipuu
cherry tree

ploomipuu
plum tree

kündma
plow (*v.*)

külvama
sow (*v.*)

korjama
reap (*v.*)

hooaeg
season

köögivili:
vegetable:

kapsas
cabbage

kaalikas
swede, rutabaga

porgand
carrot

peet
beet

kaev
well (of water)

21. Time

tund
hour

minut
minute

sekund
second

vara / hilja
early / late

Vabandage, et ma hilinesin!
Sorry I'm late!

õigel ajal
on time

Mis kell on?
What time is it?

Kell on ... .
It is ... .

> **... viis**
> ... five o'clock

> **... viis minutit viis läbi**
> ... five past five

> **... kümme minutit viis läbi**
> ... ten past five

> **... veerand kuus**
> ... quarter after five, quarter past five

... pool kuus
... five-thirty, half past five

... kahekümne minuti pärast kuus
... twenty to six

... kolmveerand kuus
... a quarter to six

... täpselt seitse
... exactly seven o'clock, seven o'clock sharp

... kuus pärast lõunat
.. six P.M.

... kuus hommikul
... six A.M.

... kell kümme õhtul
... ten at night

kesköö
midnight

keskpäev
noon

Mis kell?
At what time?

vara, varem, liiga vara
early, earlier, too early

hilja, hiljem, liiga hilja
late, later, too late

ammu
long ago

kaua aega tagasi
a long time ago

aeg-ajalt
from time to time

kogu aeg
all the time

juba
already

tulevikus
in the future

Other Time Expressions

täna
today

homme
tomorrow

ülehomme
the day after tomorrow

üleeile
the day before yesterday

järgmisel päeval
the next day

kolm päeva tagasi
three days ago

iga päev
every day

kogu päev
all day

hommik
morning

hommikul
in the morning

sel hommikul
this morning

eile hommikul
yesterday morning

homme hommikul
tomorrow morning

igal hommikul
every morning

kogu hommik
all morning

pärast lõunat, pärastlõunal
in the afternoon

õhtul
in the evening

täna õhtul
this evening

eile õhtul
yesterday evening

homme õhtul
tomorrow evening

igal õhtul
every evening

kogu õhtu
all evening

öösel
at night

täna öösel
tonight

kogu öö
all night

nädalalõpp
weekend

püha, puhkepäev
holiday

puhkus
vacation

koolivaheaeg
school vacation

sünnipäev
birthday

Days

pühapäev
Sunday

esmaspäev
Monday

teisipäev
Tuesday

kolmapäev
Wednesday

neljapäev
Thursday

reede
Friday

laupäev
Saturday

esmaspäeval
on Monday

eelmisel, möödunud laupäeval
last Saturday

järgmisel neljapäeval
next Thursday

esmaspäevast (kuni) reedeni
from Monday to Friday

Mis päev täna on?
What day is it today?

Täna on teisipäev.
It's Tuesday.

Months

jaanuar
January

veebruar
February

märts
March

aprill
April

mai
May

juuni
June

juuli
July

august
August

september
September

oktoober
October

november
November

detsember
December

jaanuaris
in January

alates jaanuarikuust
since January

oktoobri algusest
in the beginning of October

detsembri keskel
in the middle of December

aprilli lõpus
at the end of April

Me oleme siin juunist (kuni) detsembrini.
We'll be here from June to December.

Mis kuupäev täna on?
What's the date?

Täna on (22.) kahekümne teine jaanuar.
It's January 22nd.

Millal ta saabus?
When did he come?

Ta saabus (20.) kahekümnendal juunil.
He arrived on June 20th.

Years

aasta
year

sajand
century

sel aastal
this year

järgmisel aastal
next year

möödunud aastal
last year

aasta pärast
in a year

kolm aastat tagasi
three years ago

kogu aasta, aasta ringi
year-round

üheksateistkümnendal sajandil
in the 19th century

tuhande üheksasaja üheksakümne esimesel aastal
in 1991

Age

Kui vana te olete?
How old are you?

Olen viiekümne ühe aastane.
I'm 51 years old.

Millal te sündinud olete?
When were you born?

Ma olen sündinud (9.) üheksandal septembril (1981.) tuhande üheksasaja kaheksakümne esimesel aastal.
I was born on September 9, 1981.

Seasons

aastaaeg
season

kevad / kevadel
spring / in (the) spring

suvi / suvel
summer / in (the) summer

sügis / sügisel
fall / in (the) fall

talv / talvel
winter / in (the) winter

Holidays

iseseisvuspäev
Independence Day

jaanipäev
St. John's Day

jõululaupäev
Christmas Eve

esimene jõulupüha
Christmas Day

teine jõulupüha
Boxing Day

esimene lihavõttepüha
Easter Sunday

teine lihavõttepüha
Easter Monday

uusaasta
New Year's Day

võidupüha
Victory Day

22. Weather

Kui palju külma (sooja) täna on?
What is the temperature today?

Milline ilm täna on?
What is it like outside?

Mida ilmateade ütleb?
What does the forecast say?

Täna on ... ilm.
Today it's ... .

> **... päikesepaisteline ...**
> ... sunny

> **... sünge, umbpilves ...**
> ... overcast

> **... jahe ...**
> ... cool

> **... soe ...**
> ... warm

> **... palav ...**
> ... hot

> **... külm ...**
> ... cold

> **... niiske ...**
> ... humid

> **... udune ...**
> ... foggy

... tuuline ...
... windy

... vaikne ...
... calm

Sajab ... .
It's ... .

... vihma
... raining

... lund
... snowing

... uduvihma
... drizzling

... rahet
... hailing

Kui imeilus ilm täna on!
What a beautiful day!

Küll on vastik ilm!
What awful weather!

Taevas on pilves.
The sky is cloudy.

Täna võib tulla äikest.
There may be thunderstorms today.

Täna võib tulla hoovihma.
There may be showers today.

Päike tõuseb / loojub.
The sun is rising / setting.

23. Weights & Measures

Distance

kilomeeter
kilometer

meeter
meter

sentimeeter
centimeter

1 kilomeeter = 0,675 miili
1 kilometer = 0.675 mile

1 miil = 1609 meetrit
1 mile = 1,609 meters

1 meeter = 3,28 jalga
1 meter = 3.28 feet

1 jalg = 30,5 sentimeetrit
1 foot = 30.5 centimeters

1 sentimeeter = 0,39 tolli
1 centimeter = 0.39 inches

1 toll = 2,54 sentimeetrit
1 inch = 2.54 centimeters

Weight

kilogramm
kilogram

gramm
gram

1 kilogramm = 2,2 naela
1 kilogram = 2.2 pounds

1 nael = 453,6 grammi
1 pound = 453.6 grams

1 gramm = 0,0352 untsi
1 gram = 0.0352 ounces

1 unts = 28,35 grammi
1 ounce = 28.35 grams

Volume

1 liiter = 0,264 gallonit
1 liter = 0.264 gallons

1 gallon = 3,8 liitrit
1 gallon = 3.8 liters

24. Colors

beež
beige

must
black

sinine
blue

pruun
brown

roheline
green

kuldne
golden

hall
gray

oranž
orange

roosa
pink

punane
red

hõbedane
silver

türkiissinine
turquoise

lilla
violet

valge
white

kollane
yellow

mitmevärviline
multicolor(ed)

helesinine
light blue

tumesinine
dark blue

ühevärviline
solid-colored

värviline
colored

värvitu
colorless

kirju
particolored

triibuline
striped

ruuduline
checked

täpiline
spotted

mustriline
patterned

mustrita
plain

25. Signs

Informatsioon
Information

Tähelepanu!
Attention!

Teadaanne
Notice

Suitsetamine keelatud!
No smoking!

Lükata / Tõmmata!
Push / Pull!

Mitte puudutada!
Don't touch!

Sissepääs
Entrance

Väljapääs
Exit

Sissepääs keelatud!
No entrance!

Väljapääsu ei ole!
No exit!

Läbikäik keelatud!
No trespassing!

Tagavaraväljapääs
Emergency exit

Võõras, ära tule!
No admittance!

Ainult töötajatele (Ametikäik)
Employees entrance

Lift
Elevator

Trepp
Stairs

Tualett, WC (M / N)
Restroom (M / W)

Stopp
Stop

Oota
Wait

Ettevaatust
Careful

Kuum
Hot

Külm
Cold

Ära toeta
Don't lean

Ohtlik
Danger

Hoidu vasakule / paremale
Keep to the left / right

Signs

Ümbersõit
Detour

Keelatud
Prohibited

Eravaldus
Private property

Ettevaatust, kuri koer
Beware of the dog

Mitte segada
Do not disturb

Tasa
Quiet

Politsei
Police

Koht on hõivatud
Occupied

Vabu kohti ei ole
Full / No vacancies

Avatud
Open

Suletud, ...
Closed for ... .

> **... lõuna**
> ... lunch

> **... remont**
> ... repairs

> **... sanitaarpäev**
> ... cleaning

Iseteenindus
Self-service

Ei tööta
Out of order

Kassa
Ticket office

Odav väljamüük
Sale

Müüa
To sell

Välja müüdud
Sold out

Üürile anda
To rent